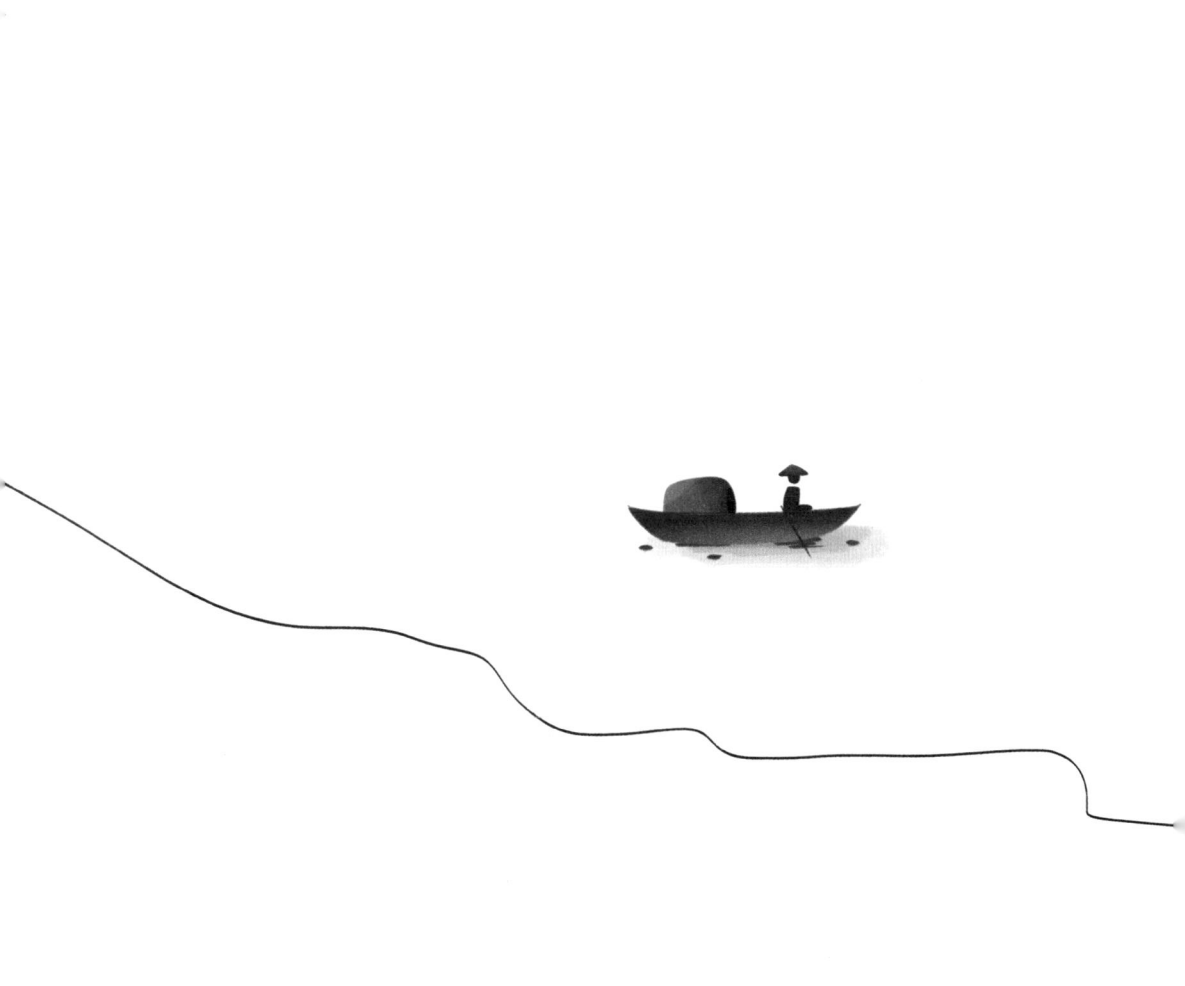

图书在版编目（CIP）数据

藏在古诗词里的口才与智慧 / 张金文编著. -- 南昌 ：
江西美术出版社， 2023.7
ISBN 978-7-5480-9460-9

Ⅰ．①藏… Ⅱ．①张… Ⅲ．①口才学—通俗读物
Ⅳ．①H019-49

中国国家版本馆CIP数据核字（2023）第105765号

出 品 人：刘　芳
企　　划：北京江美长风文化传播有限公司
策 划 人：在下金文
责任编辑：楚天顺　殷志远
特约编辑：陈学敏
视觉设计：刘思涵　崔恒祥

藏在古诗词里的口才与智慧
CANGZAI GUSHICI LI DE KOUCAI YU ZHIHUI

张金文 编著

出　　　版：江西美术出版社
地　　　址：江西省南昌市子安路66号
网　　　址：www.jxfinearts.com
电子信箱：jxms163@163.com
电　　　话：0791-86566274　010-82093808
邮　　　编：330025
经　　　销：全国新华书店
印　　　刷：晟德（天津）印刷有限公司
版　　　次：2023年7月第1版
印　　　次：2023年7月第1次印刷
开　　　本：710mm×1000mm　1/16
印　　　张：13.5
ISBN 978-7-5480-9460-9
定　　　价：58.00元

代
序

我们为什么要读古典诗词？

在当下，阅读古典诗词，似乎并没有太多功利的"实用性"。既不能帮人赚钱，也不能助人飞黄腾达。甚至，很多人认为古典诗词只是风花雪月、无病呻吟，一种"无用"的东西罢了。

然而，只要看看那些大人物是如何地重视古典诗词，如何在各种场合恰到好处地引用诗词歌赋，言简意赅地表达自己，就会明白，"自古英雄尽解诗"，"无用之用，是为大用"，这绝对不仅仅是一种附庸风雅。

古典诗词中蕴含着口才的精髓

人们常说，中国是一个"诗"的国度，三千多年前，中华大地就已经传唱着许多隽永、典雅的诗歌。那时候的人们，在口语交谈中已开始大量引用诗歌，并形成了一种社会风气。

或许正是这个原因，孔子才告诫自己的独生子孔鲤说："不学诗，无以言。"由此可知，古诗词对语言谈吐的价值。若要把握语言表达的精髓，从古典诗词切入，最能一窥堂奥。

三千年来，中国最杰出的菁英为我们留下了一笔庞大的诗词文化财富，而我们现代人又将如何更有智慧地继承和发扬呢？他们给我们的启示又是什么呢？

这些古典诗词的价值当然很多，而蕴含其中的口才表达艺术毋庸置疑是最具活力的，是每个人都可以借鉴甚至现学现用的。

从古典诗词切入，发现其中蕴藏的口才表达艺术，活学活用。这不仅是对中华优秀传统文化的传承和创造性转化，也对提升整个社会谈文说艺的风气有所助益。同时，还能让我们以古典诗词的典雅隽永，来对抗当下社会语言的粗鄙化趋势。

岂止于幽默、赞美、拒绝

坊间有所谓"口才三绝"的说法，一般指会幽默、会赞美、会拒绝。此三者之精髓在于分寸的拿捏。幽默而不流于低俗搞笑，赞美而不流于阿谀，拒绝则宜婉转温厚。一样话百样说，看你会说不会说。

中国的古典诗词，强项在于委婉含蓄，含义隽永。诗词表达的方式旨在含而不露，所谓"意在言外""言有尽而意无穷"。所以中国诗词的上乘之作，都能达到言简意丰、耐人寻味、引人遐想的效果。

袁枚说："凡作人贵直，而作诗文贵曲。"把话说得极有分寸感，正是古典诗词的强项。古代诗人、雅士如何恭维、玩梗与婉拒，在浩如烟海的诗词歌赋中，琳琅满目。这些优雅的表达，在中国古典诗词中俯拾皆是。

然而，诗歌所表达的口才精髓，并不止于幽默、赞美、拒绝。以《诗经》为例，其体裁可分为风、雅、颂三类，而表现手法又可分为赋、比、兴三种。

风雅正变，诗教比兴

汉代《毛诗序》的作者根据《周礼》"六诗"的说法提出了"诗之六义"，他说："故诗有六义焉，一曰风，二曰赋，三曰比，四曰兴，五曰雅，六曰颂。"

也就是说，风、雅、颂、赋、比、兴合称"六义"。《毛诗正义》说："赋、比、兴是诗之所用，风、雅、颂是诗之成形。"

"赋"的本意是平铺直叙、铺陈、排比，类似于现代汉语中排比的修辞手法。

"比"的本意是比喻，随着时代的发展，其内涵也在不断被后人丰富，还可引申为比拟、对比、排比等修辞方法。

　　"兴"的本意是托物起兴，先言他物，然后借以联想。相当于象征的修辞手法，以"他物"引出所要表达的事物、思想、感情。是一种渲染、烘托的表达艺术。

　　"风"，也叫"国风"，是不同地区的地方音乐。

　　"雅"是周王朝直辖地区举行宴会或朝会时演奏的音乐，即所谓正声雅乐，绝大多数为贵族文人的作品。

　　"颂"是贵族宗庙祭祀时对鬼神、统治者功德进行赞美的乐曲，在演奏时要配以舞蹈。

　　古典诗词的表达精髓，可以用六个字洗练地概括，那就是赋、比、兴、风、雅、颂。《礼记·经解》中载孔子提出"六艺之教"，"诗教"就在首位，可见其重要之程度。

🔴 诗言志，歌永言

　　《尚书·舜典》："诗言志，歌永言。声依永，律和声。"

　　朱自清先生曾称"诗言志"为中国诗歌的"开山的纲领"。中国古典诗词的精神的密码，就蕴含在"以诗言志"这四个字里。"诗言志"中的"诗"指《诗经》，之所以将"诗言志"概括为中国古典诗词的本质，是因为《诗经》的内容大部分都是言志抒情的。"诗言志"的"志"，可以说就是"情志"。

　　刘勰在《文心雕龙》里说："在心为志，发言为诗。"也就是说，诗所表达的是作者的志趣、怀抱或情感，诗的功能就是抒发内心之"志"。用美妙动听的音调将诗咏唱出来，传之久远，就叫作"永言"。

　　古代的文人墨客对诗词的价值很是重视，所以就提出"诗言志，歌永言"。就是说不仅仅"言志"，还希望能够达到一种传唱、流传的效果。而本书就旨在实现其"永言"的目的，将诗词中的智慧运用到人们的日常说话之中。

● 一言以蔽之，曰"思无邪"

当年孔子在修订完《诗经》后，给了一个著名的观点："《诗》三百，一言以蔽之，曰'思无邪'。"

思，是思想；无邪，意为纯正、无邪念，可延伸理解为真诚，真性情。

后世儒家学者，又以"无邪"为"诗教"。宋明理学的主要奠基者程伊川说："思无邪者，诚也。"也就是说要"修辞立其诚"，要求表现真性情。同时，诗歌的思想要不偏不倚，即要雅正。

古代文人对诗词寄予厚望，希望通过诗词来实现"文以载道"，在客观上达到"乐而不淫，哀而不伤"的效果。因此，从思想上说，"思无邪"就是要归于"正""诚"，就像司马迁在《屈原列传》中所说："国风好色而不淫，小雅怨诽而不乱。"

这对于我们的口语表达也是一种启示，就是说话要讲究"立意"正确，所讲的话要首先能"上得了台面"。如果一个人自私、鄙俗，就算舌灿莲花，他所表达的东西也会令人反感。

● 事出于沉思，义归乎翰藻

萧统在《文选序》中说："事出于沉思，义归乎翰藻。"这是萧统选择文学作品的标准。其实，古典诗词在被创作时，也只有经过深沉的构思，才能实现结构精严、文辞华丽。

从《诗经》、《楚辞》、汉赋，再到唐诗、宋词、元曲，以及明清诗词，可以说都是历史上很聪明的人苦心孤诣创造的智慧成果。这些古典诗词，无论从哲思、意蕴，还是辞藻、文采上，都堪称汉语表达艺术的精髓，其中还蕴含着深刻的义理和哲思，对于我们日常的口才表达，都不无助益。

真正读懂这些古典诗词，不仅仅要知道它修辞的华美及字面上的意义，还需要从这些作品诞生的背景、作者当时的境遇，以及作者的立场和主张着手。这样，我们才能吸收这些古典诗词的精髓，活学活用，古为今用。

目录

第一章

不学诗，无以言

第一章

不学诗，无以言

早在春秋时期，已经兴起一种社会风尚，那就是在人际交往或重大场合中与人交谈时，大家都喜欢引用古诗。

据《论语·季氏》记载，孔子曾经告诫自己的独生子孔鲤："不学诗，无以言。"这里的"诗"，指的是《诗经》，引申的意思是不学古诗，在社会交往中就不懂说话的技巧。

在《论语·阳货》中，孔子又鼓励学生们学习《诗经》，说："《诗》，可以兴，可以观，可以群，可以怨。迩之事父，远之事君。多识于鸟兽草木之名。"

《诗经》就是孔子他们的古诗。孔子认为学习古诗可以激发一个人的志气，可以使人们领悟天地万物及人间的盛衰与得失，可以帮助人们交朋友，可以讽刺社会上的不良现象。往近点说，可以用诗中的道理来陪伴、孝敬父母，往远点说，则可以用来侍奉君主。此外，还可以从中了解一些鸟兽草木的名称。

武王伐纣之后，周天子成为天下共主，特设了采诗之官。每年到了春暖花开的时候，采诗官就摇着木铎深入民间收集歌谣，被称为"采风"。这些反映人民现实生活的诗歌被整理后就交给乐官谱曲，然后演唱给周天子听，作为施政的参考。

春秋时期，流传下来的古诗至少有三千首，到后来，存世的仅仅剩下三百零五首，被汇编成为《诗经》，又称《诗三百》。《诗经》是我国第一部诗歌总集，堪称中国古诗词的发端。

● 如何不失分寸地表扬功臣

在西周历史上，有过两位著名的召公。第一位召公名叫姬奭，他是西周宗室，与周武王姬发、周公姬旦同辈。

姬奭辅佐周武王灭商后，受封于蓟，也就是今天的北京市一带，建立了臣属于西周的诸侯国燕国。

召公姬奭也是西周初年的顾命大臣。周武王死后，其子周成王继位，召公担任太保。召公辅佐朝政期间，可谓政通人和，贵族和平民各得其所，因此他深受世人的爱戴。

召公姬奭的后代有一支世袭了"召公"这个名号。过了两百多年以后，西周经历了很多世代，就到了周厉王时代。这个时候，又出现了第二位著名的召公，名叫姬虎，人们也称他"召虎""召伯虎"。为了将他和周武王时期的召公区别开，人们更多时候称他为"召伯"。

召伯虎曾经警告过周厉王："防民之口，甚于防川。"但周厉王不以为然，最后国人发起暴动，厉王被赶跑了。在乱局中，国人想要杀死周厉王的儿子姬静。这时召伯虎挺身而出，将太子姬静藏了起来，让自己的儿子顶替太子受死。

在周厉王逃走这十多年"权力真空期"，召伯虎和另一位大臣——周定公一起主持朝政。

周厉王姬胡死后，召伯虎拥立周宣王姬静继位，并继续辅佐周宣王。召伯虎不是前往淮夷打仗，就是赶奔谢地（今唐河县苍台乡）搞建设，成为周宣王最信任的老臣。

因为周宣王是召伯虎的晚辈，所以在召伯虎面前，周宣王非常恭敬，就算在正式场合，周宣王在召伯虎面前仍自称为"小子"。

《诗经》中的《大雅·江汉》一诗记录了召伯虎奉周宣王的命令征讨淮夷之乱取得胜利后，受周宣王赏赐及君臣如何对话的场景。

> 江汉浮浮，武夫滔滔。匪安匪游，淮夷来求。
> 既出我车，既设我旟。匪安匪舒，淮夷来铺。
> 江汉汤汤，武夫洸洸。经营四方，告成于王。
> 四方既平，王国庶定。时靡有争，王心载宁。
> 江汉之浒，王命召虎："式辟四方，彻我疆土。
> 匪疚匪棘，王国来极。于疆于理，至于南海。"
> 王命召虎，来旬来宣："文武受命，召公维翰。
> 无曰予小子，召公是似，肇敏戎公，用锡尔祉。
> 厘尔圭瓒，秬鬯一卣。告于文人，锡山土田。

于周受命，自召祖命。"虎拜稽首："天子万年!"

虎拜稽首："对扬王休，作召公考，天子万寿!

明明天子，令闻不已。矢其文德，洽此四国。"

试译:

长江汉水水势汹涌，出征将士意气风发。不是为了安逸，不是为了游乐，而是要对淮夷叛乱进行讨伐。前路已经出动兵车，竖起彩旗迎风如画。不是为了安逸，也不是为了舒适，到此驻扎是为了镇压淮夷叛乱。

长江汉水浪头浩荡，出征将士气势雄壮。四方奔波平定叛乱，战事成功禀告君王。四方叛国均已平定，大周朝可享受太平盛昌。从此没有纷争战斗，我王之心宁静安详。

在长江汉水之滨，王向召伯虎颁布命令："开辟新的四方国土，划定疆域版图。不是扰民，不是过急，要以王朝政教为准。经营边疆，治理天下，领土直至南海之滨。"

我王命令下臣召伯虎，巡视南方，宣诵政令："文王、武王受命天下，你的先祖召公实为栋梁。莫说为了我的缘故，你要继承先祖召公的精神建功立业，因此赐你荣华福禄。

"赏赐圭瓒酒勺，盛满美酒。奏告德昭文王，还要赐你山川田地。到岐周进行册封，援例康公仪式如旧。"下臣召伯虎伏地叩首："大周天子万寿无疆!"

召伯虎伏地叩头："称颂天子美意，做成纪念召公的铜簋，敬颂大周天子万寿无疆！勤勤勉勉大周天子，美名永远流传。施行文治广布德政，和洽当今四方。"

《大雅·江汉》这首诗学界一般认为尹吉甫所作。尹吉甫被后世尊为"诗祖"，他是周宣王时期的能臣，被周宣王封为太师。宣王曾经命大臣作诗表扬他："文武吉甫，天下为宪。"就是说尹吉甫文能安邦、武能御敌，堪称天下人的楷模。

"诗祖"尹吉甫在《大雅·江汉》这首诗里，表现了高超的语言艺术。大臣有了功劳，当然需要表扬，但这个表扬也不能毫无章法。有句话叫作"功高震主"，所以，在表扬的同时，也要委婉地提醒功臣不能忘本。

尹吉甫首先赞扬了宣王命召虎平淮夷的军功，后半部分则写宣王与召虎对答之词，君臣嘉勉颂扬。这首诗既表扬了臣子的功勋，也突出了周天子的尊贵，可谓文采飞扬，兼具教化功能。

如何表达离愁别恨

用诗词的形式表现离愁别绪，在中国古诗词里很常见。即便是当下，"离歌"仍是华语流行歌坛所青睐的主题。"离歌"的源头在哪里？这仍要从春秋时期的一段历史故事说起。

庄姜是春秋时期齐国的公主、齐僖公的妹妹、齐桓公的姑姑。姜是齐国国君的姓，因为嫁给了卫国的国君卫庄公，史称"庄姜"。庄姜是国君之女，出身高贵且非常美丽，又嫁的是卫国国君，所以出嫁时很是风光。
下面这首《卫风·硕人》反映的就是卫国人赞美庄姜出嫁卫国的场景。

硕人其颀，衣锦褧衣。齐侯之子，卫侯之妻。东宫之妹，邢侯之姨，谭公维私。

手如柔荑，肤如凝脂。领如蝤蛴，齿如瓠犀。螓首蛾眉，巧笑倩兮，美目盼兮。

硕人敖敖，说于农郊。四牡有骄，朱幩镳镳，翟茀以朝。大夫夙退，无使君劳。

河水洋洋，北流活活。施罛濊濊，鳣鲔发发。葭菼揭揭，庶姜孽孽，庶士有朅。

试译：

身材颀长的女郎，麻纱罩在锦衣外。她是齐侯的爱女，她是卫侯的新娘。她是太子的胞妹，她是邢侯的小姨，谭公又是她的妹婿。

手指芊芊像春荑般柔嫩，皮肤白润如凝脂一样。脖颈犹如天牛的幼虫一样修长白嫩，牙齿如同瓠瓜子儿一样整洁。前额丰满，眉毛细长，口颊含笑动人心，眼波流转摄人魂。

身材高挑的女郎，车子停歇在郊野的农田旁。看那四匹马多么雄健，朱红的绸条在马上飘扬，彩羽华车徐驶就要到达朝堂。今天诸位大臣早点退朝，不要让我们的君王过于操劳。

洋洋洒洒的黄河之水，浩浩荡荡北流入海。撒网入水发出哗哗声响，鲤鱼、鲟鱼呼呼钻进了网，岸边的芦荻又高又茂密。随嫁的众女都身材高挑，随从的男士皆威武高壮。

与出嫁时的这种风光形成鲜明对比的是，由于庄姜婚后无子，遭到冷落，生活并不幸福。

后来，卫庄公先是娶了陈国国君之女厉妫，又娶了厉妫的妹妹戴妫。戴妫生了一个儿子叫姬完。庄姜并没有因此而嫉妒戴妫，反而跟戴妫情同姐妹，并把戴妫的儿子视为自己的儿子一样对待，因而姬完也被立为世子。

过了一段时间，卫庄公又宠幸了一位爱妾，生下了一个儿子，取名叫姬州吁。卫庄公非常溺爱姬州吁。正妻庄姜对此感到非常忧虑，害怕这样下去会对姬完不利。但卫庄公对庄姜的态度非常冷漠，所以庄姜经常是孤灯长伴。

卫国的大夫石碏也看到了问题所在，就对卫庄公谏言："您现在宠信州吁，是不是要把君位传给他？如果是的话，请马上立他为世子。如果不是，就不能这样纵容他，他的任性和地位无法匹配，总有一天会闯下大祸。"

听了石碏的话，卫庄公很是不以为然。卫庄公死后，姬完继位，也就是卫桓公。石碏跟庄姜的担忧开始变为现实。由于州吁平时骄横惯了，完全没有意识到所处的境况已经发生根本性的变化，他依旧飞扬跋扈，不守规矩。

卫桓公忍无可忍，觉得应该管教一下这个弟弟，就对州吁进行了罢黜，让他回到了自己的封地。可惜，州吁并没有因此而老实，反而在自己的封地招兵买马。但这些谋反的迹象并没有引起卫桓公的警觉。十多年后，州吁逮住一个机会，在石碏之子石厚的帮助下，刺杀了卫桓公，杀兄夺位，自立为君。

卫桓公死了，州吁接下来最想杀的人正是卫桓公的生母戴妫和嫡母庄姜。

庄姜最担心的不是自己，而是与自己情同姐妹的戴妫。她知道，州吁一定会对戴妫不利，戴妫再留在卫国，就会有生命危险。

于是，庄姜想尽办法，安排戴妫南下回到了自己的母国——陈国。戴妫离开的那天，庄姜亲自为这位姐妹送行，送了一程又一程，天空的飞燕鸣叫不止。于是就有了下面这首《邶风·燕燕》：

燕燕于飞，差池其羽。之子于归，远送于野。瞻望弗及，泣涕如雨。

燕燕于飞，颉之颃之。之子于归，远于将之。瞻望弗及，伫立以泣。

燕燕于飞，下上其音。之子于归，远送于南。瞻望弗及，实劳我心。

仲氏任只，其心塞渊。终温且惠，淑慎其身。先君之思，以勖寡人。

试译：

燕子双飞上天，羽翅参差扇动。这个女子要大归，远远送她到郊野。抬头遥望不可见，涕泣如雨渐渐落。

燕子双飞上天，忽上忽下在盘旋。这个女子要大归，远远出来送别她。抬头遥望不可见，久立哭泣泪涟涟。

燕子双飞上天，下下上上发呢喃。这个女子要大归，远远送她到南郊。抬头遥望不可见，实在劳我心不安。

仲氏诚实可信托，心胸开阔又厚道。性格温柔又贤惠，品德美好又谨慎。别忘先君多思念，勉励寡人记在心。

这首诗被后代诗评家推为"万古离别之祖"。朱熹认为，庄姜是中国历史上第一位女诗人，收在《邶风》中开篇五首诗都是庄姜所作。其中第三首《燕燕》就是本诗，抒发了强烈的离愁别绪，表达了对姐妹的依依惜别之情，非常贴合当时庄姜的心境。

● 歌颂手足情深

州吁自立为卫侯以后，为了立威，也为了转移内部矛盾，向其他国家挑起事端，攻打郑国，使本来就已疲惫的卫国百姓更加不堪重负。

州吁驱使百姓去打仗，激起人民不满。他担心自己得位不正，卫国百姓不拥护他，就与心腹石厚商量策略。石厚向其父石碏请教后对州吁说，只要周天子能够信任他，卫国人就不会造反。而要得到周天子的支持，必须得到陈国国君的帮助。于是，州吁、石厚两人便带着许多礼物去陈国拜访陈桓公。

没想到石碏早已秘密给陈桓公写信，让他设局逮捕并处死州吁和石厚。所以，当州吁一行人到了陈国，很快就被抓了起来。人们早就对这个州吁厌恶透顶，于是很快将他处死。卫国人觉得石厚是石碏的儿子，虽然也坏事做绝，但看在石碏的面子上，尚可饶他一命。可是石碏觉得石厚手上沾了卫桓公的血，必须处死，就亲自派家臣将石厚杀死。《左传》将石碏这种大公无私的行为称为"大义灭亲"。

公子晋早年在邢国做人质。石碏平定州吁之乱后，从邢国迎公子晋回国即位，是为卫宣公。

卫宣公的国君之位更像是凭运气捡来的，他能当上国君并不是因为他有德有才。相反，当公子晋还是卫国公子的时候，就和其父亲卫庄公的爱妾夷姜私通。二人生下来三个儿子，其中之一就有公子姬伋（一作急子）。公子伋的身份界定成了一个大难题。因为他不仅仅是"私生子"那么简单，更是卫宣公和其父亲的爱妾所生。所以，他们不敢把公子伋放在宫中养活，只好送到民间。

卫宣公从晋国回归即位后，再也没有了顾忌，直接把夷姜册封为自己的夫人，还补办了盛大的婚礼，把两人私通时所生的儿子接进了后宫，将公子伋立为储君，并让右公子教导他。

后来，右公子替太子伋张罗提亲，准备迎娶齐国女子宣姜为妻。宣姜是齐僖公的长女，她有两个著名的兄弟，一个是臭名昭著的齐襄公，另一个是春秋首霸齐桓公。

在太子伋与宣姜成婚之前，卫宣公听说宣姜非常美丽，就把宣姜娶了过来，再替太子伋娶了另外一个女子。

卫宣公为了迎娶宣姜，就在水边盖了一座行宫，名为"新台"。卫国人对宣公的这种丑陋实在看不惯，就编了各种"段子"挖苦他。对于卫宣公抢儿子未婚妻这件丑事，《邶风·新台》这首诗极尽嘲讽。

> 新台有泚，河水瀰瀰。燕婉之求，蘧篨不鲜。
>
> 新台有洒，河水浼浼。燕婉之求，蘧篨不殄。
>
> 鱼网之设，鸿则离之。燕婉之求，得此戚施。

试译：

新台鲜明光亮，河水弥漫流不停。心想嫁个美少年，老公长了个蛤蟆样。

新台高耸云端，河水滔滔汪洋洋。心想嫁个美少年，老公蛤蟆样没好相。

撒网想捕大鱼，大雁却掉网中。心想嫁个美少年，蛤蟆老公真不像样。

宣姜本以为嫁的是个美少年，不料却是个"癞蛤蟆"。夷姜人老珠黄，而宣姜美若天仙，于是夷姜的儿子公子伋从此便失宠了。卫宣公与宣姜生了两个儿子，一个叫姬寿，仁爱有加；另一个叫姬朔，心肠歹毒。后来，夷姜因失宠上吊自杀了。卫宣公心一横，想把公子伋也杀了。

卫宣公想到的办法是雇凶杀子。姬寿提前知道后，于是赶忙告知公子伋："快躲一躲吧，父亲要派刺客杀死你。"不想，公子伋说："父亲要我死，我又能如何！"

弟弟拗不过大哥，便心生一计，说："那我为兄长摆酒饯行。"席上，姬寿把姬伋灌醉，自己替哥哥上了那艘船。

等公子伋酒醒，方知不妙，于是匆匆去追那艘船，但弟弟已死于强盗之手。刺客知道杀错了人，就索性一不做二不休，把公子伋也杀了回去领赏。

兄弟二人虽然不是同母所生，但其手足情谊超越了利益与生死。卫国人感其兄弟情谊，就编写了《邶风·二子乘舟》这首诗。

二子乘舟，泛泛其景。愿言思子，中心养养！
二子乘舟，泛泛其逝。愿言思子，不瑕有害。

试译：

二人乘一叶孤舟，渐渐驶向远处。常常思念你们俩，我心中满是忧虑。

二人乘一叶小船，渐渐漂向远方。常常思念你们俩，愿你们无灾无难。

这首诗字句很简短，却将兄弟离别的情绪拉得满满的。兄弟二人为了血浓于水的情义，战胜恐惧，争先赴死，成为千古佳话。

嘲讽悖乱人伦者

公元前696年，卫宣公得知失去了两个儿子，一下就急得昏死了过去，醒来后就疯了。

公子姬朔如愿以偿继承了卫宣公的王位，史称卫惠公。但是不久，左公子、右公子以卫惠公谗言怂恿卫宣公谋害太子伋为借口，起兵作乱，进攻卫惠公，并改立太子伋胞弟公子姬黔牟为君，史称"卫君黔牟"。于是，卫惠公姬朔只好逃到舅舅家——齐国，一去就是八年。

八年后，卫惠公仗着齐国财力雄厚、兵强马壮，又杀回了卫国，将左、右公子处死。

卫惠公即位的时候还很年轻，齐国王室怂恿卫昭伯（公子姬顽）和宣姜私通，昭伯不答应，于是他们就用武力逼迫他就范。齐襄公为了保全妹妹，强迫公子顽娶宣姜为夫人。理由是宣姜本来要嫁的是公子伋，却阴差阳错嫁给了卫宣公这个老头。现在公子伋死了，兄死及弟，宣姜嫁给公子顽正合适。

《鹑之奔奔》出自《诗经·鄘风》，是一首"变风"作品，讽刺的就是卫国这出闹剧。

鹑之奔奔，鹊之疆疆。

人之无良，我以为兄。

鹊之彊彊，鹑之奔奔。

人之无良，我以为君。

试译：

鹑鹑双双共飞，喜鹊对对相随。那人无耻又没良心，我何必尊他为兄长。

喜鹊双双相随，鹑鹑对对共飞。那人无耻又没良心，我何必尊他为国王。

这首诗歌篇幅不长，却极具讽刺意味；伤害性不大，却侮辱性极强。

卫惠公和公子伋、公子顽是同父异母的兄弟，从他的角度来看，是自己的父亲抢了自己哥哥的未婚妻，而哥哥的"未婚妻"却是他的生母，这种伦理关系可以说是非常混乱了。所以，卫惠公即位遭到了卫国贵族各个派系的反对，他甚至被驱逐出了卫国。最终，他还是依靠齐国的势力，才重新恢复了国君的地位。

宣姜出于利益的考量，又改嫁给了卫昭伯公子顽。公子顽和宣姜之前的未婚夫公子伋，是同父同母的亲兄弟，是宣姜的老公卫宣公与夷姜的子嗣。也就是说，卫昭伯公子顽又被迫娶了自己的后母，这伦理关系简直是混乱至极。

歌颂力挽狂澜，励精图治

在卫惠公掌权的十多年间，卫昭伯公子顽和宣姜共生有三子二女。

卫惠公驾崩，儿子卫懿公即位。卫懿公自从继承卫国国君之位以来，只知道玩乐，尤其爱养鹤。卫懿公养的鹤不但生活环境优越，还享受"特殊待遇"。

公元前660年，狄人攻打卫国，卫懿公急忙召集百姓迎敌抵抗。卫国的百姓说："国君给仙鹤官位俸禄，你还是让仙鹤去迎战吧！怎么轮到我们去迎战呢？"百姓拒不受命，溃散而去。

公元前661年，卫国被北狄完全占领，卫懿公也被北狄乱兵剁成了肉泥。

卫懿公被北狄人杀死后，国君之位又空了出来，卫国再次出现了权力真空。

当时卫昭伯公子顽已死，卫国贵族拥立昭伯的儿子公孙申为卫戴公。一年后，卫戴公死了，齐桓公插手卫国内政，立卫戴公的弟弟公孙毁为卫文公。（卫文公姬姓，卫氏，初名辟疆，后改名毁，是卫宣公之孙，卫昭伯之子，母宣姜）。

当时，卫国经历了宣姜祸乱，公族公室离心离德。卫宣公、卫惠公、卫懿公都昏聩不堪，卫国危在旦夕，随时有灭亡的危险。好在卫文公是一位"中兴之主"，也是继齐桓公之后的一位著名霸主。

终于，有一首诗是正面赞扬卫国国君了。《定之方中》出自《诗经·鄘风》，是歌颂卫文公的一首诗，作者不详。

　　定之方中，作于楚宫。揆之以日，作于楚室。树之榛栗，椅桐梓漆，爰伐琴瑟。

　　升彼虚矣，以望楚矣。望楚与堂，景山与京。降观于桑，卜云其吉，终然允臧。

灵雨既零，命彼倌人。星言夙驾，说于桑田。匪直也人，秉心塞渊，騋牝三千。

试译：

定星已现天正中，楚宫营建正吉时。凭着日影测方位，宝地肯定属楚室。

种了榛树与栗树，又种梓、漆与椅、桐，树木长成做琴瑟。

登临旧城丘墟上，眺望楚丘。瞭见楚丘和堂邑，细观高丘和山岗。下山再观桑林密，卦辞显示很吉利，这是龙盘虎踞地。

好雨徐徐飘零，管车马倌传命令。天气晴了早驾车，加鞭停歇桑田里。正直耿耿的仁君，心地诚善更虑远，要养马儿三千四。

这首诗所要表达的是，卫文公要重建礼制，要把自迎娶宣姜以来卫国几任君主践踏的礼义廉耻重新树立起来，即定下新的规矩和秩序。

在这样的背景下，卫文公率领卫国人重建家园。经历这次灭国之痛后，卫文公勤于政事，与民众共渡难关，使得卫国慢慢恢复了元气。

司马迁《史记》记载："文公初立，轻赋平罪，身自劳，与百姓同苦，以收卫民。"慢慢地，在卫国人的共同努力之下，卫国的战车由原来的三十辆左右，达到了三百辆左右。卫文公带领人民经过二十五年的筚路蓝缕，奋发图强，终于把卫国从一个衰弱之国，变成了一个异常强大的国家，甚至还吞并了敌国邢国。

爱国女诗人阐明大义，争取外援

中国文学史上有文字记载的第一位爱国女诗人是许穆夫人，其诗作在文学史上享有极高声誉。关于许穆夫人的诗作和事迹，还要接着前面的故事讲。

前文说过，卫国公子顽和宣姜共生有三子二女，其中一个女儿就是本节故事的主角——许穆夫人。卫昭伯的这个女儿长大后嫁给了许国许穆公，故称许穆夫人。

春秋之际，卫国位于黄河中下游地区，都城是商朝的朝歌。许穆夫人长得很漂亮，许、齐两诸侯国都派使者前来求婚。

卫懿公看到许国的聘礼更丰厚，便决定把许穆嫁给许国国君为妻。其实，许穆夫人本人希望嫁到齐国，她这种选择，更多是从卫国的安全考虑，她认为许国弱小，离卫国又远，一旦卫国受到攻击，许国帮不上什么忙。但是，卫懿公仍坚持把她许配给许穆公为妻。

北狄入侵卫国，许穆夫人得知卫懿公身死国灭的消息后，心急如焚，恳求许穆公帮忙收复国土。然而，许穆公胆小，怕引火烧身，不敢出兵。

或许，对于这个结局许穆夫人早有心理准备，于是，她毅然启动自己的"B计划"，决定亲自快马加鞭奔赴卫国吊唁卫懿公。得知消息的许国大夫们，纷纷去追赶她，指责她。许穆夫人认为自己的行为无可指责，她决不反悔，并写下了千古名篇《载驰》收录在《诗经·鄘风》。

载驰载驱，归唁卫侯。驱马悠悠，言至于漕。大夫跋涉，我心则忧。

既不我嘉，不能旋反。视尔不臧，我思不远。既不我嘉，不能旋济。视尔不臧，我思不閟。

陟彼阿丘，言采其蝱。女子善怀，亦各有行。许人尤之，众稚且狂。

我行其野，芃芃其麦。控于大邦，谁因谁极？大夫君子，无我有尤。百尔所思，不如我所之。

试译：

我驾马车飞快奔走，回国吊唁卫侯。策马挥鞭路途遥远，才到达漕城头没多久。许国大夫跋涉而来，命我返回令我忧愁。

你们不肯赞同我，使我不得返身回国。你们如此冷漠，我的回国之思不断。你们没有赞同我，阻止我渡河归故里。你们如此冷漠，我的回国之思难了。

登上那高高的山冈，采摘贝母疗愈忧伤。女子心柔爱思乡，立场和理由很正当。许国众人竟怨我，实在是幼稚又轻狂。

我行走在田野上，麦子长得青且壮。我想到大国去陈诉，谁能帮忙，谁能依靠？许国大夫们，不要对我心生怨。你们思虑再千百遍，都不如我自己去齐国跑一趟。

许穆夫人是卫戴公、卫文公的妹妹，也是齐桓公的表妹。她深知，许国君臣胆小怕事，如今只能依靠齐桓公求援，更何况，齐桓公这个表哥还提出了"尊王攘夷"的口号。

礼制规定："国君夫人，父母在，则归宁。没，则使大夫宁于兄弟。"也就是说，许国君臣劝阻许穆夫人是有理有据的。

这个时候，如果你是许穆夫人，该如何应对呢？该怎样讲出自己的道理呢？

许穆夫人发出了一个反问："国灭君亡，同胞骨肉，不得归家一吊，情理何在？"

许穆夫人将问题又抛向许国君臣。面对这群人，许穆夫人当面揭穿了他们的虚伪："视尔不臧，我思不远。"

许国君臣拘泥于教条，未能通权达变。经过许穆夫人的一番活动，最终卫国得到齐桓公的支持，齐桓公派兵驻守漕邑，又派出自己的儿子无亏率兵三千、战车三百辆前往卫国。同时，宋、许等国也派人参战，打退了北狄，卫国收复了失地。

如何委婉地催婚

诗经中《邶风·匏有苦叶》这首诗，其实是一首年轻女子委婉催促"未婚夫""赶快过来迎娶"的情诗。

匏有苦叶，济有深涉。

深则厉，浅则揭。

有弥济盈，有鷕雉鸣。

济盈不濡轨，雉鸣求其牡。

雍雍鸣雁，旭日始旦。

士如归妻，迨冰未泮。

招招舟子，人涉卬否。

人涉卬否，卬须我友。

试译：

葫芦熟了叶子枯，济水河渡口水位涨。

水深就腰系葫芦过，水浅就提衣快快走。

大水茫茫济水涨得满，岸边野鸡声声叫。

水涨淹至车轴，野鸡鸣声求配偶。

又听到大雁鸣叫，朝阳初升天刚亮。

男子若想娶走我，要趁河冰未化时。

船夫挥手招呼我，别人渡河我不争。

别人渡河我不争，我等我的朋友来。

这首诗以"匏有苦叶"起兴，开头就铺垫了这首诗与婚姻有关。这是因为，周代的婚嫁要用剖开的葫芦做"合卺酒"的酒器。

此时，匏瓜的叶子已经枯了，正当秋令嫁娶之时。女主人公等候在渡口，看到秋水渐涨，越来越难涉水而过了。

头一句的意思是，你看这"合卺"用的葫芦都已经成熟了，这河水也涨高了，你难道就不着急吗？

因此她深情地叮咛着："深则厉，浅则揭。"那是她在心中催促着心上人：水浅就提起衣裳过来，水深则垂着衣裳来相见，不必犹豫了。女主人公催男方垂衣涉济，正透露出她在这边等候焦急。

当天色大亮，旭日升起在济水之上时，空中有雁阵掠过，那雍雍鸣叫显得有多欢快。然而，女主人公心中的焦虑反而加深了。

早在周代就有彩礼制度，为了防止攀比之风，官方还给出了彩礼标准，不能多给，更不能少给，不论贫富，都要按照此制度执行，而大雁就是周代彩礼制度中的一项标配。

随着寒冬的到来，春天也不远了。当济水结的冰融化时，按周代的礼仪便得停办嫁娶之事了。

看到心上人还没上门提亲，女主人公忍不住在心里催促起来。"士如归妻，迨冰未泮"，你要是想娶我，就赶紧趁着河水还未结冰，快些准备好彩礼吧。

终于，济水河上来了一艘摆渡船，是从对岸驶来载客的。船夫关切地连声招唤她快快上船，女主人公怀着腼腆，忙对船夫解释："不是我要急着渡河，不是的，我是在等我的朋友过来。"

姑娘将情郎特意称作"朋友"来掩饰内心的焦急，这种欲盖弥彰传达了一个待嫁的少女的羞涩。诗歌委婉而又热烈，将那种欲说还休、似怨还爱的微妙心理，希望情郎能明白自己心意的心态表达得惟妙惟肖。同时，女主人公细致的心理和高超的回话技巧被表现得淋漓尽致。

● 传达一种"思无邪"的率性之美

无论在民歌还是流行歌曲中，情歌占有绝对优势地位。理由很简单，民歌也好，流行歌曲也罢，大多属于为劳动人民所写的歌，这种诗歌能提高生产动力，所谓"男女搭配，干活不累""无郎无姊不成歌"。从某种程度上讲，这些情歌也可被视作一种激发力量的劳动号子。所以，司马迁说："风诗者，固闾阎风土男女情思之作也。"

《诗经》开篇的《周南·关雎》也是情歌，《孔子诗论》一般都是以《关雎》为始。

> 关关雎鸠，在河之洲。窈窕淑女，君子好逑。
>
> 参差荇菜，左右流之。窈窕淑女，寤寐求之。
>
> 求之不得，寤寐思服。悠哉悠哉，辗转反侧。
>
> 参差荇菜，左右采之。窈窕淑女，琴瑟友之。
>
> 参差荇菜，左右芼之。窈窕淑女，钟鼓乐之。

试译：

关关应和鸣叫的雎鸠，栖息在河心的沙洲。贤良美丽的女子，是君子的佳偶。

参差不齐的荇菜，在船的两边择取。贤良美丽的女子，日夜都想把她追求。

追求却没有得到，日夜总会将她思念。绵绵不断的情思，让人翻来覆去不成眠。

参差不齐的荇菜，在船的两边摘取。贤良美丽的女子，弹琴鼓瑟来表爱意。

参差不齐的荇菜，在船的两边挑选。贤良美丽的女子，敲钟击鼓来取悦她。

孔子曾经说："《诗》三百，一言以蔽之，曰'思无邪'。"春秋时代，婚俗尚未过渡到封建时代的儒家礼教，人们还存在很多率真的原始风俗。《关雎》这首诗具有一种原始的率性之美。所以，儒家学者认为《关雎》"乐而不淫"是有其历史原因的。

其实，《诗经》中的情诗大多反映着劳动人民忠贞的爱情观，以及他们热烈健康的感情和严肃认真的态度。像《郑风·出其东门》这样的民歌也特别值得一提，这首诗反映了劳动人民对于爱情的严肃态度。诗云：

出其东门，有女如云。虽则如云，匪我思存。缟衣綦巾，聊乐我员。

出其闉阇，有女如荼。虽则如荼，匪我思且。缟衣茹藘，聊可与娱。

试译：

走出城东门，美女多如云。虽然多如云，非我所思人。只有白衣绿头巾，令我爱愉悦在心。

走出城东门，美女多如白茅花。虽如茅花白，亦非我所爱。只有白衣红佩巾，令我欢娱可相爱。

尽管东门游女如云，却都不能引起男主人公的注意。他心里只有那"缟衣綦巾"，一位衣饰朴素的姑娘。这种表白是一往情深的。

汉代以后，儒家的礼教思想日益成为正统。儒家卫道士一见《诗经》中那些大胆的爱情表白描写，便斥责为"淫奔之诗"。甚至有卫道士主张将《诗经》重新修订，再来一次"删诗"。对于这样自然率真的健康的两性关系，那些儒家卫道士不敢正视。劳动人民看不顺眼的却是剥削阶级的作派，在《诗经》里就不乏讽刺和揭发统治阶级荒淫和混乱的诗歌。例如《邶风》中的《新台》，《鄘风》中的《鹑之奔奔》等。

在《新台》中，人们讽刺卫宣公娶了他儿子公子伋的未婚妻，将卫宣公比作癞蛤蟆。这说明劳动人民的婚恋观更为朴实，更为"思无邪"，有着比剥削阶级高得多的道德水准。

🔴 《诗经》为什么又叫《毛诗》

《诗经》是中国第一部诗歌总集。《诗经》里的诗歌基本句式是四字格，有时也有二字格和六字格。其最早的记录为西周初年，最迟诞生的作品在春秋时期，上下跨度五六百年。

起初，《诗经》并不被称为"经"，只称为《诗》或《诗三百》。据《庄子·天运》篇记载，孔子曾经对老子说："丘治《诗》《书》《礼》《乐》《易》《春秋》六经。"自此，才有了《诗经》的说法。

在孔子的时代，《诗经》堪称一部无所不包的百科全书。孔子不仅以诗礼传家，要求孔鲤学诗学礼，而且号召所有的学生都应学诗。据孔子的门徒在《论语·为政》中的记述，孔子总结了《诗经》的核心即"思无邪"。

儒家十三经、五经都将《诗经》列入其中，是必修科目。汉武帝"罢黜百家，独尊儒术"后，更是把《诗三百》列为"六经"之首。

那么，为什么《诗经》又叫《毛诗》呢？

秦统一六国后，秦始皇根据丞相李斯的建议，下令在全国焚毁书籍，其中就包括著名的《诗经》。《史记·秦始皇本纪》载："非博士官所职，天下敢有藏《诗》、《书》、百家语者，悉诣守、尉杂烧之。"

始皇帝把《诗经》这本书作为重点焚毁的书目。《史记·秦始皇本纪》中又说："有敢偶语《诗》《书》者弃市……令下三十日不烧，黥为城旦。"

经历如此浩劫，没有任何人敢收藏这种会招致杀身之祸的经典。再加上此后秦末群雄逐鹿的兵燹，早期版本的《诗经》几乎已经消失了。

刘邦建立汉朝后，儒家地位逐渐获得提高。官家出台了政策，鼓励民间献书，这才使得原版《诗经》得以重现人间。然而，也只有齐、鲁、韩、毛这四家能献出封藏已久的存本。

这四家所藏的《诗经》版本都不太一样。其中，齐、鲁、韩三家所献诗虽均立于官学，却都是残卷，只有毛家所献版本最为齐全。所以，后世《诗经》皆从"毛本"，因此，我们今天看到的《诗经》又被称为《毛诗》。

由于学习和笺注《毛诗》者越来越多，导致其他三家的版本渐渐不被关注，先后失传。《毛诗》是由鲁国的毛亨（世称"大毛公"）和赵国的毛苌（世称"小毛公"）先后编辑注释而成，其中每一篇下都有撰写的小序，用来介绍本篇内容、意旨等。魏源曾说齐、鲁、韩三家诗都有序而皆散佚，只有《毛诗序》独存。这篇序言列在《国风》的首篇《关雎》题下，被视为中国古代第一篇诗论。

对于《毛诗》，汉代郑玄曾加以笺注，唐代孔颖达又为之作疏，称为《毛诗正义》，后世儒生将其列为《十三经注疏》之一，是一部诗经学的集大成之作。

第二章

诗成鬼神泣

第二章

诗成鬼神泣

春秋时期，南方的楚国以蛮夷自居，不服从周天子的管束。楚地巫风盛行，祭祀时往往以巫觋扮演诸神，表演一些神话传说故事，以娱乐神人。这些都培育了楚人奇诡的想象力。

相较于北方诗歌浓浓的道德教化意味，南方的诗歌更显洒脱、豪放、瑰异、飞扬。这种诗歌相传是屈原在南方民歌的基础上，开创的一种新的诗体，其句子长短不齐、错落参差，以及多用"兮"字。据史料记载，当时创作的楚歌，如《越人歌》《沧浪歌》等，原本是可以用来歌唱的。

由于屈原气节与遭遇引得后世文人无限敬仰，争相凭吊。战国时的宋玉和西汉时的贾谊、东方朔等数位怀才不遇的文人，纷纷作文致敬屈原，模仿屈原创造的语言风格。西汉末年的刘向，将屈原、宋玉、贾谊等人的作品，以及模仿《离骚》的作品，辑成一集，编成《楚辞》一书。因为这些辞赋都是用的楚地诗歌的体制和语言声韵及特有意象，故称"楚辞"。

朱买臣"言《楚辞》"登龙

朱买臣是会稽郡吴县（今江苏省苏州市）人，年少时家贫，靠卖柴生活，酷爱读书。他的一生颇为传奇，戏曲故事《朱买臣休妻》就是根据他的生平改编而成。在这个故事中，穷困潦倒的朱买臣机缘巧合下当上会稽太守，曾因嫌贫爱富抛弃他改嫁的崔氏在朱买臣马前苦苦哀求，希望能破镜重圆，但朱买臣拒绝了她，将一盆水泼在地上，让崔氏将泼出去的水收回盆中。"覆水难收"的成语就出自这里。所以，这部戏曲又被称作《马前泼水》。

然而，史书记载与戏文有较大出入，崔氏即使与朱买臣离了婚，依然在之后接济过落魄的他，而朱买臣当上太守后也厚待了崔氏夫妇。

朱买臣后来的得志，主要是因为他的好友严助的推荐。严助深受汉武帝刘彻赏识，被擢为中大夫。严助知道朱买臣很有学识，于是就将他推介给了汉武帝刘彻。

《汉书·朱买臣传》载朱买臣"说《春秋》，言《楚辞》，帝甚悦之"，"言《楚辞》"就是唱诵楚辞。朱买臣就是因此受到皇帝信任。

汉武帝召见朱买臣后，朱买臣尽数施展毕生所学，他对《春秋》《楚辞》的研究颇深，因此获得了汉武帝的信任和欣赏，当即被封为中大夫。

元朔二年（公元前127），汉武帝派卫青攻取匈奴盘踞的黄河以南地区后，在此修筑朔方城，设朔方郡、五原郡，作为卫青出兵匈奴的根据地。

对此，御史大夫公孙弘认为中原地区因战争已经疲惫不堪，现在去经营那些无用之地，得不偿失。于是，公孙弘多次上书，请求废止这些举动。汉武帝便派出朱买臣与之辩论。

朝堂之上，朱买臣向公孙弘发出了"十问"，每个问题都切中要害，公孙弘竟然一个都没能回答上来，只好认输。公孙弘惭愧地表示自己是崤山以东的乡下之人，不知道设置朔方郡会带来这么多好处，还提出请求废止对西南夷、苍海地区的经营，集中力量经营朔方郡。

不久后，东越王余善多次不服从汉朝的命令，引起了汉武帝刘彻的不满。这时，朱买臣谏言派兵渡海，去攻打易守难攻的泉山。

这个提议被汉武帝采纳后，朱买臣被封为会稽太守，后来累迁至主爵都尉，在九卿之列，可谓荣极一时。汉武帝特意跟朱买臣说："富贵不归故乡，如衣绣夜行。"

屈子，楚辞之祖

屈原，芈姓，屈氏，名平，字原，又名正则，字灵均。战国时期楚国人，著名的政治家，伟大的爱国主义诗人。

屈原出生于楚国王室贵族之家，与楚王同姓，当时被叫作"公族"或"公室"。芈姓相传出自祝融氏，大概传到熊绎时，他因功受周天子分封于楚，遂居丹阳秭归（今湖北宜昌）。据屈原《九章·惜诵》中"忽忘身之贱贫"，可知当时这个贵族家庭已经没落。

战国时期，楚、秦两大强国争夺霸权。周显王四十八年（公元前321），秦军侵犯楚国边境，屈原组织乐平里的青年抗击，他一方面对青年开展思想动员工作，一方面施展各种战术，最终给敌人以沉重打击，一展其军事才能。

屈原一开始很受楚王器重，楚怀王（熊槐）时，屈原曾任左徒、三闾大夫。左徒的官职相当于左丞相，主要工作是外交，能参与议论国政。

屈原屡次建议楚怀王，主张联齐抗秦策略，联合齐国共同遏制秦国。

楚怀王十六年（公元前313），屈原因主张变法、草拟宪令和主张联齐抗秦，被楚国内外的反对力量联合陷害。楚怀王听信靳尚和公子兰一伙人的话，而革去屈原左徒之职。楚怀王不知靳尚等人接受过秦国的贿赂。后来楚国接连在丹阳、蓝田被秦国打败，遂将屈原招回朝廷，命其出使齐国。

楚怀王二十四年（公元前305），秦、楚联姻，次年（公元前304），秦、楚盟于黄棘，秦归还了楚国上庸之地。此时的屈原，已经成为楚国朝廷的政治负资产，被放逐到汉北。汉北距楚国故都鄢郢不远，屈原来到鄢郢拜谒了先王之庙和公卿祠堂后，因心中忧愤幽思所激而作《离骚》。《离骚》开篇追述了楚国的远祖及屈氏太祖，中间写到了灵氛占卜、巫咸降神等场景，末尾说"临睨旧乡"而不忍离去。

后来，楚怀王被秦昭王骗到秦国，被扣押在咸阳。楚国的大臣们听到国君被扣押，就把太子立为新的国君，这就是楚顷襄王。

楚怀王受到秦国欺骗，最终客死异乡。楚国人心里愤愤不平，特别是屈原，更是气愤。他劝楚顷襄王远离小人，吸纳人才，鼓舞将士，勤练兵马，为国家和怀王报仇雪耻。

新君王对于屈原的建议不但不听，反而更加倚重令尹子兰和靳尚等人。这帮佞臣经常在顷襄王面前诬蔑屈原。他们经常在楚顷襄王面前说："大王没听到屈原在私底下数落您吗？他总是胡言乱语，说大王忘了秦国的杀父之仇，就是不孝；大臣不主张抗秦，就是不忠。他还说楚国竟会有这种不忠不孝的君臣，这样下去肯定亡国。"

　　楚顷襄王听了奸臣的话后大怒，把屈原革了职，放逐到湘南一带。

　　因国事不堪，心中郁闷，屈原经常在被放逐的汨罗江畔边走边唱，吟咏着伤心的诗歌。《九章·涉江》是屈原创作的一首长诗。

　　　　余幼好此奇服兮，年既老而不衰。

　　　　带长铗之陆离兮，冠切云之崔嵬。

　　　　被明月兮珮宝璐，世溷浊而莫余知兮，吾方高驰而不顾。

　　　　驾青虬兮骖白螭，吾与重华游兮瑶之圃。

　　　　登昆仑兮食玉英，与天地兮同寿，与日月兮同光。

　　　　哀南夷之莫吾知兮，旦余济乎江湘。

　　　　乘鄂渚而反顾兮，欸秋冬之绪风。

　　　　步余马兮山皋，邸余车兮方林。

　　　　乘舲船余上沅兮，齐吴榜以击汰。

　　　　船容与而不进兮，淹回水而疑滞。

　　　　朝发枉陼兮，夕宿辰阳。

　　　　苟余心其端直兮，虽僻远之何伤？

　　　　入溆浦余僤佪兮，迷不知吾所如。

　　　　深林杳以冥冥兮，猿狖之所居。

　　　　山峻高以蔽日兮，下幽晦以多雨。

　　　　霰雪纷其无垠兮，云霏霏而承宇。

　　　　哀吾生之无乐兮，幽独处乎山中。

　　　　吾不能变心以从俗兮，固将愁苦而终穷。

　　　　接舆髡首兮，桑扈臝行。

忠不必用兮，贤不必以。

伍子逢殃兮，比干菹醢。

与前世而皆然兮，吾又何怨乎今之人。

余将董道而不豫兮，固将重昏而终身。

乱曰：鸾鸟凤皇，日以远兮。

燕雀乌鹊，巢堂坛兮。

露申辛夷，死林薄兮。

腥臊并御，芳不得薄兮。

阴阳易位，时不当兮。

怀信侘傺，忽乎吾将行兮。

试译：

我从小就喜欢这样奇异的服装，上了年纪兴致依然没有消减。

腰间佩着长长的宝剑，头戴着高高的切云帽。

身披明月珠腰缀美玉，举世混浊没有人了解我，我要向高处奔驰而不留恋。

青龙驾辕白龙拉套，我与舜帝重华同游玉园。

登上昆仑山以玉的精英为食，我要与天地一样长寿，与日月一样永放光芒。

哀痛楚国没人理解我，天亮我就要渡过长江和湘水。

登上鄂渚回头眺望，慨叹秋冬的寒风凌厉。

让我的马慢慢走在水边高地上，让我的车来到方林停息。

乘船沿沅水向上游前进，船夫一齐挥动大桨划船。

船只缓慢地不能行进，在回旋的水流里彷徨。

早晨从枉渚出发，晚上才止宿在辰阳。

只要我的内心正直，被放逐到再偏远的地方又有什么损伤？

行到溆浦我有些踌躇，心中迷惘不知要去何方。

树林幽远而阴暗，这是猴子栖息的地方。

山峰高大遮住了太阳，山下阴沉昏暗且多雨。

雪珠雪花飞飞扬扬，天空浓云阴沉下接屋宇。

哀痛我的生活不快乐，寂寞独居在大山里。

我不能改变志趣顺从流俗，所以愁苦终身不得志。

接舆愤世自行剃发，桑扈脱衣裸身而行。

忠臣不一定为世所用，贤者不一定被受命。

伍子胥身逢灾祸，比干被剁成肉泥。

与以前的世代相比都是这样，我又何必怨恨当今的人？

我要遵守正道而不犹豫，哪怕终身处在黑暗之中。

尾声喝道：鸾鸟、凤凰啊，飞得一天比一天远了。

燕雀、乌鹊那些凡鸟，在庙堂里做窝。

露申、辛夷那些香草香木，死在杂草朵木丛中；

腥的臭的一起进用，芳香的却不能靠近。

黑夜白昼变了位置，时令节序也不得当。

满怀忠信而不得志，我将飘然远行他方。

公元前278年，秦将白起率兵南下，攻破楚都郢都，焚毁楚国先王墓地夷陵。楚顷襄王的军队溃散，不能再应战，退往东北固守陈都（今河南淮阳），并将都城迁至此地。也就是在这一年，屈原在绝望和悲愤之中，自沉汨罗江而亡。

屈原是"楚辞体"的开创者,他根据楚地方言声韵,而创制楚辞,著有《离骚》《天问》《九歌》《九章》等,被誉为"楚辞之祖"。屈原开辟了"香草美人"的传统,楚国有名的辞赋家宋玉、唐勒、景差等都受到屈原的影响。宋代著名词人宋祁认为《离骚》为"词赋之祖","后人为之,如至方不能加矩,至圆不能过规"。

🔴 春女思,秋士悲

宋玉本是宋国的公族后裔,出生的时代稍晚于屈原。后楚顷襄王定都于陈,宋玉因才华出众而成为楚顷襄王的小臣。后来又因故丢了官职,遂穷困潦倒,直到晚年。

屈原自沉之后,当时社会大多数人都不认可他,就像司马迁说的"不容于世"。只有身在楚国的宋玉为屈原鸣不平,并成为第一个为屈原写悼词的人。

宋玉在悼词中写道:"夫君子之心也,修乎己不病乎人,晦其用不曜于众,时来则应,物来则济,应时而不谋己,济物而不务功。是以惠无所归,怨无所集。"宋玉在悼词中指出了屈原的问题所在,也表达了对他的惋惜。

宋玉在辞赋上向屈原致敬,模仿屈原,并且在屈原的基础上对楚辞进行改造、发展,并成为当时继屈原以后最杰出的辞赋家。宋玉著有长诗《九辩》,是其代表作,开篇即言"悲秋"。

悲哉，秋之为气也！

萧瑟兮，草木摇落而变衰。

憭慄兮，若在远行。

登山临水兮，送将归。

泬寥兮，天高而气清；

寂寥兮，收潦而水清。

憯悽增欷兮，薄寒之中人；

怆怳懭悢兮，去故而就新；

坎廪兮，贫士失职而志不平；

廓落兮，羁旅而无友生；

惆怅兮，而私自怜。

……

这是一首抒情长诗，虽有模仿屈原《离骚》之处，但也颇有宋玉个人特色。开头部分描写秋天，秋景、秋色、秋声，尤其是与人心通感的秋意，这是屈原作品中完全没有的。"悲秋"的中国文学主题的创造，《九辩》起到了导夫先路的作用。

正如《淮南子·缪称训》所言："春女思，秋士悲，而知物化矣。"朱熹在《楚辞集注》中指出，秋天是一年中草木零落、万物凋敝之时，它与国运衰微、不复振作能产生联想，"是以忠臣志士，遭谗放逐者，感事兴怀，尤切悲叹也"。

清人刘熙载论辞赋云："屈子以后之作，志之清峻，莫如贾生《惜誓》；情之绵邈，莫如宋玉'悲秋'；骨之奇劲，莫如淮南《招隐士》。"

"悲秋"就是说的《九辩》。

宋玉的辞赋句法多变，善于巧妙地运用叠字和双声叠韵等修辞手法，音调抑扬顿挫、节奏感强，很有音乐美，具有很强的感染力。

鲁迅在评价《九辩》时说："虽驰神逞想，不如《离骚》，而凄怨之情，实为独绝。"（《汉文学史纲要》）。今天，我们在谈话时常引用的"下里巴人""阳春白雪""曲高和寡"等成语，皆从宋玉作品中来。据说，《风赋》《神女赋》《高唐赋》《登徒子好色赋》等也是宋玉的作品，与汉赋极为接近，但也有学者怀疑这是伪托之作。

悼念故人，魂兮归来

"悼亡"的文学主题是中国古代诗词的一个重要书写部分，这既是对往生者的一种凭吊，也是对故人的一种感怀，还有对逝者遗志的继承和发扬。在《楚辞》中，悼亡是其重要组成部分。

先秦时期，楚地的人特别注重人死后灵魂归宿的问题，因此楚国的诗人学者就撰写了《九歌》《招魂》《大招》等这样的作品。

有人认为，《招魂》是屈原为楚怀王招魂时所作，司马迁在《史记·屈原贾生列传》称："余读《离骚》《天问》《招魂》《哀郢》，悲其志。"

也有学者认为《招魂》是宋玉哀悼屈原的作品。王逸在《招魂》的《题解》中说："《招魂》者，宋玉之所作也。招者，召也。以手曰召。魂者，身之精也。宋玉怜哀屈原，忠而斥弃，愁懑山泽，魂魄放佚，厥命将落。故作《招魂》，欲以复其精神，延其年寿，外陈四方之恶，内崇楚国之美，以讽谏怀王，冀其觉悟而还之也。"

《招魂》中充满神奇的想象，运用了夸张的修辞，对后世影响甚巨。
全篇如下：

朕幼清以廉洁兮，身服义而未沫。

主此盛德兮，牵于俗而芜秽。

上无所考此盛德兮，长离殃而愁苦。

帝告巫阳曰："有人在下，我欲辅之。魂魄离散，汝筮予之。"

巫阳对曰："掌梦。上帝其难从。若必筮予之，恐后之谢，不能复用。"

巫阳焉乃下招曰。

魂兮归来！去君之恒干何为四方些？舍君之乐处而离彼不祥些！

魂兮归来！东方不可以托些。

长人千仞，惟魂是索些。

十日代出，流金铄石些。

彼皆习之，魂往必释些。

归来兮！不可以托些。

魂兮归来！南方不可以止些。

雕题黑齿，得人肉以祀，以其骨为醢些。

蝮蛇蓁蓁，封狐千里些。

雄虺九首，往来倏忽，吞人以益其心些。

归来兮！不可久淫些。

魂兮归来！西方之害，流沙千里些。

旋入雷渊，靡散而不可止些。

幸而得脱，其外旷宇些。

赤蚁若象，玄蜂若壶些。

五谷不生，丛菅是食些。

其土烂人，求水无所得些。

彷徉无所倚，广大无所极些。

归来兮！恐自遗贼些。

魂兮归来！北方不可以止些。

增冰峨峨，飞雪千里些。

归来兮！不可以久些。

魂兮归来！君无上天些。

虎豹九关，啄害下人些。

一夫九首，拔木九千些。

豺狼从目，往来侁侁些。

悬人以娭，投之深渊些。

致命于帝，然后得瞑些。

归来！往恐危身些。

魂兮归来！君无下此幽都些。

土伯九约，其角觺觺些。

敦脄血拇，逐人駓駓些。

参目虎首，其身若牛些。

此皆甘人。归来！恐自遗灾些。

魂兮归来！入修门些。

工祝招君，背行先些。

秦篝齐缕，郑绵络些。

招具该备，永啸呼些。

魂兮归来！反故居些。

天地四方，多贼奸些。

像设君室，静闲安些。

高堂邃宇，槛层轩些。

层台累榭，临高山些。

网户朱缀，刻方连些。

冬有突厦，夏室寒些。

川谷径复，流潺湲些。

光风转蕙，氾崇兰些。

经堂入奥，朱尘筵些。

砥室翠翘，挂曲琼些。

翡翠珠被，烂齐光些。

翡阿拂壁，罗帱张些。

纂组绮缟，结琦璜些。

室中之观，多珍怪些。

兰膏明烛，华容备些。

二八侍宿，射递代些。

九侯淑女，多迅众些。

盛鬋不同制，实满宫些。

容态好比，顺弥代些。

弱颜固植，謇其有意些。

姱容修态，絙洞房些。

蛾眉曼睩，目腾光些。

靡颜腻理，遗视矊些。

离榭修幕，侍君之闲些。

翡帷翠帐，饰高堂些。

红壁沙版，玄玉梁些。

仰观刻桷，画龙蛇些。

坐堂伏槛，临曲池些。

芙蓉始发，杂芰荷些。

紫茎屏风，文缘波些。

文异豹饰，侍陂陁些。

轩辌既低，步骑罗些。

兰薄户树，琼木篱些。

魂兮归来！何远为些？

室家遂宗，食多方些。

稻粢穱麦，挐黄粱些。

大苦醎酸，辛甘行些。

肥牛之腱，臑若芳些。

和酸若苦，陈吴羹些。

胹鳖炮羔，有柘浆些。

鹄酸臇凫，煎鸿鸧些。

露鸡臛蠵，厉而不爽些。

粔籹蜜饵，有餦餭些。

瑶浆蜜勺，实羽觞些。

挫糟冻饮，酎清凉些。

华酌既陈，有琼浆些。

归来反故室，敬而无妨些。

肴羞未通，女乐罗些。

陈钟按鼓，造新歌些。

《涉江》《采菱》，发《扬荷》些。

美人既醉，朱颜酡些。

娭光眇视，目曾波些。

被文服纤，丽而不奇些。

长发曼鬋，艳陆离些。

二八齐容，起郑舞些。

衽若交竿，抚案下些。

竽瑟狂会，揎鸣鼓些。

宫庭震惊，发《激楚》些。

吴歈蔡讴，奏大吕些。

士女杂坐，乱而不分些。

放陈组缨，班其相纷些。

郑卫妖玩，来杂陈些。

《激楚》之结，独秀先些。

菎蔽象棋，有六簙些。

分曹并进，遒相迫些。

成枭而牟，呼五白些。

晋制犀比，费白日些。

铿钟摇簴，揳梓瑟些。

娱酒不废，沈日夜些。

兰膏明烛，华灯错些。

结撰至思，兰芳假些。

人有所极，同心赋些。

酎饮尽欢，乐先故些。

魂兮归来！反故居些。

乱曰：

献岁发春兮，汨吾南征。

菉蘋齐叶兮，白芷生。

路贯庐江兮，左长薄。

倚沼畦瀛兮，遥望博。

青骊结驷兮，齐千乘。

悬火延起兮，玄颜烝。

步及骤处兮，诱骋先。

抑骛若通兮，引车右还。

与王趋梦兮，课后先。

君王亲发兮，惮青兕。

朱明承夜兮，时不可以淹。

皋兰被径兮，斯路渐。

湛湛江水兮，上有枫。

目极千里兮，伤春心。

魂兮归来，哀江南！

很多民族都有流传至今的原始招魂歌谣，内容大多是告诫亡灵不要在天地间游走，而应赶紧回到家中。这种古老的民俗渐渐演变为一种礼仪和文化。在《礼记·礼运》中也有"及其死也，升屋而号，告曰'皋某复'"的记载。这种仪式是让人爬上屋顶，举起死者的衣服向上下四方呼号，招唤灵魂归来。

宋玉的《招魂》呈现了一种辞藻华丽却又恐怖诡异的奇幻风格。清代文学家刘熙载曾说："宋玉《招魂》，在《楚辞》为尤多异彩。约之只两境：一可喜，一可怖而已。"

宋玉这首可喜又可怖的《招魂》收录于《楚辞》中。招魂者在诗中告诉灵魂上下四方的险恶，又通过描写宫廷生活、游猎盛况及江南春景等，希望魂灵回归故里。作为一种礼仪，招魂仪式已不仅仅是一种原始信仰，更是一种"尽爱之道"。

🟤 巫山云雨，绮梦魅影

《楚辞》中不乏具有浪漫主义色彩的想象的场景的描写。这在贵族之间的清谈中，是一种常见的主题。《楚辞》中的《高唐赋》《神女赋》等，就曾写过楚顷襄王和宋玉一起游览云梦台的故事。

在游览云梦台时，宋玉对楚顷襄王说："先王（楚怀王）曾经来此地游览，游玩累了便睡了过去。他梦见一位美丽动人的女子，这女子自称是巫山之女，愿意献出自己的枕头、席子给楚怀王享用。楚怀王明白了弦外之音，就非常高兴，立即宠幸了这位女子。临别之时，巫山之女跟楚怀王说，他如再想她的话，就来巫山找她。早晨即'朝云'，晚上即'行雨'。"

宋玉在《高唐赋·序》写道："妾在巫山之阳，高丘之阻。且为朝云，暮为行雨，朝朝暮暮，阳台之下。"

自此，"云雨"一词常被后世诗人引用。杜甫曾在《咏怀古迹·其二》中写道：

摇落深知宋玉悲，风流儒雅亦吾师。

怅望千秋一洒泪，萧条异代不同时。

江山故宅空文藻，云雨荒台岂梦思。

最是楚宫俱泯灭，舟人指点到今疑。

试译：

我深知宋玉"草木摇落而变衰"一语的悲凄，他的风流儒雅可以当我的老师。回望千秋往事，禁不住流下了同情的泪水。我们身世一样凄凉，却没有生活在同一时代。江山依旧，故宅犹存，人已作古，空留文藻，云雨、荒台难道全是梦里情思吗？最可叹的是楚王宫殿早已荡然无存，舟人指点的遗迹让人生疑。

唐代著名诗人李商隐曾作《有感》一诗，诗中写道：

非关宋玉有微辞，却是襄王梦觉迟。

一自高唐赋成后，楚天云雨尽堪疑。

试译：

其实跟宋玉委婉而隐含讽喻的言辞没有关系，只是楚顷襄王沉迷艳梦醒来得实在太迟。自从那篇《高唐赋》写成之后，其他有关楚天、云雨的诗章都令人生疑。

到后来，《红楼梦》《水浒传》之类的古典小说中，写到男女亲密接触的时候，也喜欢用"共赴巫山云雨"来隐喻。

《楚辞》在描写美人形态上也毫不避讳。即使是《大招》这种招魂辞，描写容颜用的是"朱唇皓齿，嫭以姱只""青色直眉，美目媔只"；写婀娜身姿时用的是"丰肉微骨，调以娱只""小腰秀颈，若鲜卑只"。如果说《诗经》善于写淑女之美，那么《楚辞》就特别善于表现"神女"之魅。

《楚辞》中的语言艺术

"楚辞"这个概念最早出现在司马迁的《史记·酷吏列传》，本义是指带有楚地特色的文辞。所以，顾名思义，"楚辞"就是一种用楚地方言书写的展示楚地风物人情的诗歌，自带浓厚的地域文化色彩。北宋学者黄伯思在《东观余论·校定〈楚辞〉序》中说："盖屈、宋诸骚，皆书楚语、作楚声、纪楚地、名楚物，故可谓之'楚辞'。"

不同于《诗经》以四字为主，二二节奏，《楚辞》的句式以六字句、五字句为主，句式是三三和三二节奏。《楚辞》具有优美的节奏声调，具有声韵之美。

《楚辞》中有很多作品讲述了知识分子的独善情怀、高洁品格，以及执着地追求真善美的理想。以屈原的《离骚》为例，其语言华丽，大量使用了对偶的修辞格。刘勰说《离骚》"惊采绝艳，难与并能""金相玉式，艳溢锱毫"，又说模仿屈原的人"中巧者猎其艳辞"，这都说明了《离骚》语言特色。

《楚辞》多用隐喻和象征手法，又多用"比"和"兴"的修辞手法，一些作品倾向于政治讽谏，一些作品偏重于宗教、政治、个人感怀。

《楚辞》参差灵活的体裁和"寄情于物""托物以讽"的表达艺术，开创了中国浪漫主义诗歌，正是这个原因，后世称这种文体为"楚辞体""骚体"。《楚辞》对后世文人心态的形成，以及汉赋的形成与确立，都有着深远的影响。

第三章

自古英雄尽解诗

第三章

自古英雄尽解诗

　　自古以来的大英雄都具有诗人的浪漫主义气质。且不说曹操、桓温，唐宗宋祖，就连那以贩盐起家的黄巢，被很多人误认为地痞流氓的刘邦，也毫不逊色。

　　汉高祖刘邦，沛县丰邑人，出身农家，他经常被文学作品塑造成一个小混混身份，这其实是天大的误解。

　　刘邦在年轻时，曾经做过谋士。这段做谋士的经历提升了他的文化素养，使其能够"及壮，试为吏，为泗水亭长"（《史记·高祖本纪》），通过考核成为官吏。一言以蔽之，刘邦并不是一个真正的"大老粗"，而是一个"大老细"。后来，刘邦响应陈胜起义，称"沛公"。

　　刘邦入关后，废秦苛法，与关中父老约法三章，后封汉王。楚、汉相争中，刘邦反败为胜，统一天下，为西汉开国君主。庙号太祖，谥号高皇帝。

　　刘邦做谋士时尽管不是很出名，但这段经历帮他打开了眼界，成了一个"识货"的主，知道什么样的人才是优秀人才。

刘邦有句著名的话："夫运筹帷幄之中，决胜千里之外，吾不如子房；填国家，抚百姓，给饷馈，不绝粮道，吾不如萧何；连百万之众，战必胜、攻必取，吾不如韩信。三者皆人杰，吾能用之，此吾所以取下天者也。"（《史记·高祖本纪》）人才是领导的最重要资源，刘邦总结了自己能取得天下的原因，在于任用了张良、萧何、韩信三杰。无疑说明了善于用人的重要性。

🔴 酒酣宜唱《大风歌》

刘邦的最大优点就是"豁达大度，从谏如流"，是历史上的英雄人物。

《史记·高祖本纪》记载："高祖还归，过沛，留。置酒沛宫，悉召故人父老子弟纵酒，发沛中儿得百二十人，教之歌。"刘邦击败了淮南王黥布的叛军，命别将追杀，自己则顺道回乡，召父老兄弟欢聚。

酒酣之时，刘邦一面击筑（一种乐器）伴奏，一面唱出了这首歌：

> 大风起兮云飞扬，
>
> 威加海内兮归故乡，
>
> 安得猛士兮守四方！

刘邦情感浓烈，非常激动，"乃起舞，慷慨伤怀，泣数行下"（《史记·高祖本纪》）。

《大风歌》全诗虽然只有三句，却极具抑扬顿挫之致。这首诗是即兴而作，临时加入了盛大的表演，由此可见刘邦的心情是激动的。

"大风起兮云飞扬"一句可以说是先声夺人，它写的是刘邦过沛县时所遇上的大风天气。这种天气带上了感情色彩，似乎是大自然对汉军平叛凯旋一事所产生的一种感应。

刘邦在同项羽的斗争中获胜，接着与内部勋贵的斗争又成了首要问题。公元前196年，刘邦诛杀淮阴侯韩信、梁王彭越前后，诸侯王纷纷谋反，所有这些风云变幻，都蕴含在"大风起兮云飞扬"这一句中。

"威加海内兮归故乡"一句是陈述荣归故里的场面。"威加海内"四字紧承"大风起兮云飞扬"，"威"是权威，这个权威是用南征北战树立起来的。刘邦的老对手项羽就曾说过："富贵不归故乡，如衣绣夜行，谁知之者？"

然而，最终还是刘邦成了胜利者，所以刘邦实现了人生价值，他荣归故里的场面，要远远胜过"衣锦还乡"。欧阳修在《相州昼锦堂记》云："仕宦而至将相，富贵而归故乡，此人情之所荣，而今昔之所同也。"

"安得猛士兮守四方"一句是在发出感慨，是全诗的一个升华，可谓曲终奏雅。刘邦已经一统天下，贵为天子。普天之下，莫非王土，他要招募更多的人才和精英来巩固他的政权，为他守护领土。

清人黄任《彭城道中》六首中的其一云："天子依然归故乡，《大风歌》罢转苍茫。当时何不怜功狗，留取韩彭守四方。"黄任看出了《大风歌》中蕴含的一种苍茫四顾的凄凉和感慨。

其实道理很简单，刘邦和与他一起打天下的异姓王互相之间不信任，他平定叛乱后，要为自己的组织更换血液。

刘邦存诗极少，《大风歌》确属出自非常之人之口的非常之诗。宋玉曾经写过一首《风赋》，提出了风有雌、雄之别。雄风只能出自大人物，这叫作"大王之雄风"；雌风只能出自小人物，这叫作"庶民之雌风"。刘邦这首《大风歌》，无疑属于雄风之列。唐代诗人林宽写有《歌风台》一诗，用简短而富含意蕴的语言对刘邦的雄才大略和诗才做了歌颂。诗云：

> 蒿棘空存百尺基，
>
> 酒酣曾唱《大风词》。
>
> 莫言马上得天下，
>
> 自古英雄尽解诗。

🔴 贾谊凭吊屈子表心迹

赋，作为一种文体，其实早在战国后期便已经产生。其缘起于齐国"稷下学派"的"文学游说之士"之游谈风气。"稷下学派"的代表人物荀况，也就是人们常说的荀子，十五岁始来稷下游学，到齐襄王时已是"最为老师"，在稷下学宫中"三为祭酒"，长期担任学术领袖。荀子的《劝学》就是一篇那个时代的赋文，语言生动，深入浅出；条理清楚，谨严朴实；博用比喻，层层深入；句式整齐，朗朗上口，堪称训练口才的教科书级别的名篇。荀子还教出了毛亨、浮丘伯、韩非、李斯、陆贾、公孙尼子、张苍、陈嚣等著名的学生，都是写文章的好手。

到了汉初，"稷下学派"与楚风合流，终于形成汉赋。也就说稷下学派与楚辞的融合，产生了"赋"这种文体。

汉代是文化大发展的时期，《楚辞》的风行，促成了汉赋的形成。

汉赋是一种有韵的散文，是一种兼具诗歌与散文特征的文学形式为汉代文人儒客所热衷。汉赋的特点是散韵夹杂，专事铺陈，一般篇幅较长。汉赋在形式上善于"铺采摘文"，在内容上侧重"体物写志"。汉赋一般可分为三种，一种是模仿屈原《离骚》体的骚体赋，一种是散体大赋，也就是人们一般意义上所认为的汉赋，还有一种由大赋新发展而成的抒情小赋，自有情趣。

贾谊，世称贾生，出生于洛阳，是西汉初年著名政论家、文学家，少负才名，师从荀子的学生的张苍，可以说是荀子的徒孙。

汉文帝时，贾谊受到大臣周勃、灌婴的排挤，被谪为长沙王太傅，所以后人亦称贾谊为贾长沙、贾太傅。

贾谊在渡湘水的时候，经过了屈原被放逐所经之地。贾谊写下了千古名篇《吊屈原赋》，他在赋中借吊惜屈原的不幸遭遇，抒发了个人失意、不得志的感慨。

下面就让我们一起来欣赏学习一下这篇名作的说话艺术和表达技巧，看看贾谊是如何学习屈原的《离骚》，以及如何讽刺那个世道的。

　　谊为长沙王太傅，既以谪去，意不自得；及渡湘水，为赋以吊屈原。屈原，楚贤臣也。被谗放逐，作《离骚》赋，其终篇曰："已矣哉！国无人兮，莫我知也。"遂自投汨罗而死。谊追伤之，因自喻。其辞曰：

恭承嘉惠兮，俟罪长沙。侧闻屈原兮，自沉汨罗。造托湘流兮，敬吊先生。遭世罔极兮，乃殒厥身。呜呼哀哉！逢时不祥。鸾凤伏窜兮，鸱枭翱翔。阘茸尊显兮，谗谀得志。贤圣逆曳兮，方正倒植。世谓随、夷为溷兮，谓跖、蹻为廉；莫邪为钝兮，铅刀为铦。吁嗟默默，生之无故兮！斡弃周鼎，宝康瓠兮。腾驾罢牛，骖蹇驴兮。骥垂两耳，服盐车兮。章甫荐履，渐不可久兮。嗟苦先生，独离此咎兮。

讯曰：已矣！国其莫我知兮，独壹郁其谁语？凤漂漂其高逝兮，固自引而远去。袭九渊之神龙兮，沕深潜以自珍。偭蟂獭以隐处兮，夫岂从虾与蛭螾？所贵圣人之神德兮，远浊世而自藏。使骐骥可得系而羁兮，岂云异夫犬羊？般纷纷其离此尤兮，亦夫子之故也。历九州而相其君兮，何必怀此都也？凤凰翔于千仞兮，览德辉而下之；见细德之险征兮，遥曾击而去之。彼寻常之污渎兮，岂能容夫吞舟之巨鱼？横江湖之鳣鲸兮，固将制于蝼蚁。

试译：

贾谊被任命为长沙王的太傅，已因被贬谪而离开京城，自己感到很不得志；等我坐船渡过湘水时，就写了一篇凭吊屈原的赋。屈原是楚国的贤臣。他遭受谗言的诬陷而被放逐，写下了《离骚》这篇文章，在文章的结尾写道："算了罢，这个国家没有一个正直贤能的人，没有人了解我啊！"于是就跳汨罗江自杀了。贾谊追念感伤屈原的遭遇，便借他来比喻自己，吊文这样说：

恭敬地蒙受这美好的恩惠啊，到长沙去任职。在途中听说屈原的事迹，他自沉汨罗江死了。到了湘江也写一篇文章托付江水，我恭敬地凭吊屈原，（您）遇到了这没有正直的世道，乃至结束了自己的生命。唉！唉！（您）遭逢的时代不好啊。鸾鸟、凤凰潜藏起来啊，恶鸟却在高空翱翔。无德无才之人尊贵显耀啊，奉承阿谀之人得志猖狂。贤才能臣不能立足啊，正直正派的人却被横拖倒拽。世人都认为卞随、伯夷这样的人恶浊啊，认为盗跖、庄蹻这样的人廉洁；认为宝剑莫邪粗钝啊，铅刀反而锋利。慨叹（您的）抱负无法施展，无辜遇祸啊！这就好比是丢弃了周鼎，却把瓦盆当成了宝物啊。驾驶快车用疲牛，使跛驴作骖乘啊，骏马却吃力地去拖盐车啊。礼帽用来垫鞋，时间不会长久啊。慨叹先生您真不幸啊，竟遭受这样的祸难！

总之，还是算了吧！整个国家没有人了解我，独自忧愁抑郁能够与谁诉说呢？凤凰飘飘高飞去啊，自己本来就打算远离。效法深渊中的神龙啊，潜藏在渊底来保护自己。弃离了蝛獭去隐居啊，怎么能够与蛤蟆、水蛭和蚯蚓为伍？我所爱护的是圣人的神明德行啊，要远离污浊的世间来保全自己。假如骐骥也能够被束缚而受羁绊啊，还怎么能够说它们与狗、羊有区别呢？在这样混乱的世上遭受祸难啊，也是您自己的原因。您可以去别的地方寻找明主啊，又何必留恋楚都呢？凤凰在千仞的高空中翱翔啊，看到人君圣德闪耀的光辉才会降落下来；看到奸佞无德之人显出的危险征兆啊，就会远远地高飞而去。那窄窄的小水沟啊，怎能够容下吞舟的巨鱼？横行江海的鳝鱼、鲸鱼，本来就要受制于蝼蛄、蚂蚁。

贾谊的这篇《吊屈原赋》，借追悼屈原抒发愤慨，凭吊逝者，也为自身的遭遇感怀。

之后，朝局发生了很大变化，灌婴死了，周勃被赦后回到绛县封地，不再过问朝事。

这时，汉文帝想念贾谊，贾谊又被召回长安。汉文帝在未央宫祭神的宣室接见贾谊，并向贾谊询问鬼神之事，贾谊详细地讲述了其中的道理。谈论结束后，汉文帝说："吾久不见贾生，自以为过之，今不及也。"

到了唐代，大诗人李商隐有感于贾谊事迹，写下《贾生》一诗，借古讽今，抒发了自己不得志的感慨。诗云：

宣室求贤访逐臣，贾生才调更无伦。

可怜夜半虚前席，不问苍生问鬼神。

● 当子虚先生遇到乌有先生

司马相如，字长卿，乳名犬子，后因慕蔺相如之为人，遂更名相如。司马相如被后世誉为"赋圣""辞宗"。

司马相如在少年时代喜欢读书、练剑，在他二十几岁时，又用钱换了个官职，做了汉景帝的武骑常侍。因为这并非其所好，所以常有不遇知音之叹。

直到梁孝王刘武来朝时，司马相如才得以结交邹阳、枚乘、庄忌等辞赋家。司马相如后来因病退职，有机会前往梁地与这些志趣相投的文士共事。

在古代，没有电影拍摄等技术，人们要如何表现瑰丽的想象，如何展示一个国家的软实力呢？那就需要依靠诗词歌赋这种形式。

司马相如在梁地为梁王写了一篇著名的《子虚赋》，说了一个"当子虚先生遇到乌有先生"的故事。

这篇赋写楚王派遣子虚先生出使齐国，齐王调遣了境内所有的士兵，准备了许多的车马，同使者一起出外打猎。打猎结束，子虚先生前去拜访乌有先生，并向他夸耀这件事，恰好无是公也在场。大家落座后，乌有先生问子虚先生："今天打猎快乐吗？"子虚先生说："快乐。"乌有先生又问："猎物很多吧？"子虚先生回答道："很少。"乌有先生再问："既然如此，那么乐从何来？"子虚先生回答说："我高兴的是齐王原本想向我夸耀他的车马众多，而我则用楚王在云梦泽打猎的盛况来回答了他。"乌有先生说道："可以讲出来听听吗？"

子虚先生说："可以。"然后就极力描述楚国土地之广大、物产之丰饶，以至云梦不过是其后花园之一角。

乌有先生表示不服，便以齐国之名山大海、异方殊类，傲视子虚先生。

《子虚赋》的主要意义是通过这种夸张声势的描写，丰富的用词，来表现一个帝国的强大声势和雄伟气魄。此赋词藻丰富，且极富雄辩，极铺张扬厉之能事，标志着汉大赋的完全成熟。后人据《子虚赋》引申出了成语"子虚乌有"，指假设的、不存在的、不真实的人或者事情。"子虚"和

"乌有"都是假设的人名。

🔴 司马相如的"出圈"之路

司马相如为梁孝王宾客时写下了《子虚赋》，时在汉景帝年间，但是他并没有因此得到景帝的赏识，因为景帝不好辞赋。

景帝去世，汉武帝刘彻继位。汉武帝读过《子虚赋》后，击节赞叹，一度以为这是前人的作品，甚至遗憾不能与作者生逢同一时代。当时，有一个替皇帝管理猎犬的太监，他的老家也是四川的，就对汉武帝说："这篇赋其实是我的老乡司马相如的作品。"

汉武帝惊喜之余马上召司马相如进京。司马相如向武帝表示："《子虚赋》写的只是诸侯王打猎的事，不算什么，请允许我再写一篇更好的，表现天子打猎的赋。"

于是，《子虚赋》的续集——《上林赋》就诞生了，而且更有文采，表现了盛世王朝的气象，歌颂了汉朝无可比拟的形象。

这篇赋写子虚、乌有两位先生在继续争论，慢慢引出天子上林之事，再依次夸饰天子上林苑中的水中族类、玉石宝物、飞禽走兽、树木花草之胜，然后写天子游猎盛况、猎余庆功，最后写天子悔过反思。明代王世贞赞誉该赋道："材极富，辞极丽，而运笔极古雅，精神流动，意极高。"可谓推崇至极。

愿得一人心，白首不分离

据《史记·司马相如列传》记载，卓文君为西汉时期蜀郡人，其父卓王孙为蜀郡临邛的冶铁大亨，仅家奴就有八百名之多。卓文君出嫁不久后丧夫，此时的她年仅十七岁，就成了寡妇。

梁孝王去世，司马相如返回成都，其家境依然贫寒，没有可以用来维持生计的职业。于是，司马相如前往临邛寻找机会，住在城内的一座亭子里。

司马相如此时已小有名气，临邛县令王吉就天天来拜访相如。刚开始，相如还是以礼相见。之后，司马相如就谎称有病，让随从拒绝王吉的拜访。

临邛县里有很多富人，如卓王孙家、程郑家。卓王孙、程郑二人相互商量后，备办酒席，想把司马相如和县令一并请来。当县令到了卓家后，卓家已经宾朋满座了。

到了中午，他们派人去请司马相如，司马相如却推辞有病，不肯前来。临邛县令王吉见司马相如没来，就不进食，还亲自前去迎接。相如不得已，勉强答应了。

司马相如仪表堂堂，大方典雅，文质彬彬。满座的客人无不艳羡他的风采。司马相如酒兴正浓时，临邛县令走上前去，把琴放到他面前，说："我听说先生特别喜欢弹琴，希望聆听一曲，以助雅兴。"

相如虽辞谢一番，还是弹奏了《凤求凰》等曲子。

当司马相如在卓王孙家喝酒、奏琴时，卓文君从门缝里偷偷看他，心中产生了好感，又怕配不上他。司马相如见到卓文君后，也对她产生了好感。宴会完毕，司马相如就派人以重金请卓文君的侍从代为转达了自己的倾慕之情。

于是，两情相悦的一对年轻人决定乘夜私奔。卓文君和司马相如连夜赶回成都。卓文君来到司马相如家时，只见到家徒四壁。

卓王孙得知女儿私奔之事，大怒道："女至不材，我不忍杀，不分一钱也。"

过了很久。某一天，卓文君对相如说："长卿，只要你和我一起去临邛，向我的兄弟们借贷也完全可以维持生计，何至于让自己困苦到如此地步！"

司马相如听了卓文君的建议，他们就一起来到临邛，把自己的车马全部卖掉，盘下一家酒馆，做起了卖酒生意。文君当垆卖酒，相如与雇工们一起操作忙活，在闹市中洗涤酒器。

卓王孙听到女儿的事情之后，对于卓文君的抛头露面卖酒，感到既羞耻又心疼。卓文君的家人和亲戚趁机劝说卓王孙回心转意。卓王孙不得已，只好分给女儿家奴百人，钱一百万，以及她出嫁时的衣被和各种财物。之后，文君就和相如又回到成都，买了房屋田地，成就一段佳话。

后来，司马相如所写的《子虚赋》得到了汉武帝赏识，又因写《上林赋》被封为郎。这时，司马相如打算纳茂陵女子为妾，冷淡卓文君。于是卓文君写下《白头吟》一诗给相如。

皑如山上雪，皎若云间月。

闻君有两意，故来相决绝。

今日斗酒会，明旦沟水头。

躞蹀御沟上，沟水东西流。

凄凄复凄凄，嫁娶不须啼。

愿得一心人，白头不相离。

竹竿何袅袅，鱼尾何簁簁！

男儿重意气，何用钱刀为！

试译：

洁白犹如山上的雪，皎洁就像云间的月。

听说你已生二心，所以来与你断绝。

今日聚会饮斗酒，明日分手沟水头。

小步徘徊沿沟走，沟水东西自在流。

伤心孤寂又凄凉，我嫁你时没有哭嚷。

只想诚惶你的心，白头到老不相忘。

想追随一个情意专心的郎君，可以相爱到老永远幸福。

钓竿柔弱有多长，鱼尾摇动有多欢。

男女情投意合如同钓竿柔长，鱼儿那样活波可爱。

男子本应重情意，岂为钱财将我忘。

男子应当以情意为重，这是任何钱财珍宝都无法替代的。

司马相如读了这首诗后，不禁惊叹卓文君之才华。他遥想昔日夫妻恩爱之情，羞愧万分，从此便不再提纳妾休妻之事。最终，两人白首偕老，安居林泉。

也有学者认为，《白头吟》并非卓文君所作，所谓司马相如始乱终弃，仅仅只是戏剧化的演绎罢了。湖湘名士王闿运认为，卓文君与司马相如私奔的故事，是太史公"欲为古今女子开一奇局，使皆能自拔耳"。

第四章
如何把故事讲得明明白白

第四章

如何把故事讲得明明白白

汉代乐府诗是《诗经》和《楚辞》之后兴起的一种新体裁，它起源于民歌。汉朝的政府有专人搜集、改编这些民歌，最终形成乐府诗。乐府诗长于叙事，《羽林郎》讲当垆美女反抗强暴凌辱，《陌上桑》讲太守调戏罗敷而被拒绝，《艳歌行》讲妻子为旅客缝补衣服而引起丈夫猜忌……

🔴 乐府，采撷自民间的诗歌

中国诗歌自诞生开始，抒情诗就占据上风。《诗经》《楚辞》中大多是抒情作品。汉乐府诗约有三分之一为叙事性作品，其中大多采用第三人称，其优点是表现人物事件比较灵活。短篇乐府诗则大多截取生活中的一个典型片段来表现，使矛盾集中在一个焦点上，既可避免过多的铺陈和交代，又能表现广阔的社会背景。

汉代乐府"杂曲歌辞"中有一首《羽林郎》，署名辛延年。此诗写一个霍家奴调戏一位美貌俏丽的少数民族酒家女，而受到严词拒绝的故事。

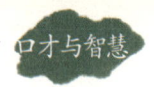

昔有霍家奴，姓冯名子都。
依倚将军势，调笑酒家胡。
胡姬年十五，春日独当垆。
长裾连理带，广袖合欢襦。
头上蓝田玉，耳后大秦珠。
两鬟何窈窕，一世良所无。
一鬟五百万，两鬟千万余。
不意金吾子，娉婷过我庐。
银鞍何煜爚，翠盖空踟蹰。
就我求清酒，丝绳提玉壶。
就我求珍肴，金盘鲙鲤鱼。
贻我青铜镜，结我红罗裾。
不惜红罗裂，何论轻贱躯。
男儿爱后妇，女子重前夫。
人生有新故，贵贱不相逾。
多谢金吾子，私爱徒区区。

汉朝称北方及西域少数民族的人为胡人。诗中的“酒家胡”即卖酒的胡女。

羽林郎是皇家羽林禁卫军中的官名，即禁军统领官职，诗称“金吾子”。

据《汉书·霍光传》记载，“冯子都”是西汉昭帝时大司马大将军霍光所宠爱的奴才头子。

乐府诗常用的旧题咏新事，诗题与内容其实并不相关。此诗就是如此，托古讽今，语言明快，有声有色，堪称佳制。

诗中表现了胡姬的年轻和美丽，以及她的财富和德行。"连理带""合欢襦"，"头上蓝田玉，耳后大秦珠"，这些描述具有异域风情。

军官对胡姬的美貌想入非非，借着酒劲调戏她，一见面就要送胡姬以厚礼，还想动手动脚，把一面铜镜往她的衣襟上系。然而，这位胡姬拒不收礼，在拉扯之间，她的红罗衣襟被扯破了。

于是，胡姬就严厉地教训起军官道：我不怕死。你们这种男人喜新厌旧，你不要看错人。爱情有先来后到，何况我也不敢高攀你。总之，多谢你的错爱，让你浪费感情，实在不好意思。

《羽林郎》运用夸张和对比的修辞手法，刻画出这两个人物各自代表的群体形象，通过在酒家的戏剧性较量，贱者反贵，贵者反贱。此诗对胡姬的刻画细致入微，将她的勇敢、坚贞及说话艺术表现得入木三分，非常深刻。

● 美女睿智拒绝高官的骚扰

汉乐府诗《陌上桑》与《羽林郎》相近，讲述了一位太守试图撩拨美女罗敷却碰一鼻子灰的幽默故事。

> 日出东南隅，照我秦氏楼。
>
> 秦氏有好女，自名为罗敷。
>
> 罗敷喜蚕桑，采桑城南隅。

青丝为笼系，桂枝为笼钩。

头上倭堕髻，耳中明月珠。

缃绮为下裙，紫绮为上襦。

行者见罗敷，下担捋髭须。

少年见罗敷，脱帽著帩头。

耕者忘其犁，锄者忘其锄。

来归相怨怒，但坐观罗敷。

使君从南来，五马立踟蹰。

使君遣吏往，问是谁家姝。

"秦氏有好女，自名为罗敷。"

"罗敷年几何?"

"二十尚不足，十五颇有余"。

使君谢罗敷："宁可共载不?"

罗敷前致辞："使君一何愚!

使君自有妇，罗敷自有夫。"

"东方千余骑，夫婿居上头。

何用识夫婿? 白马从骊驹;

青丝系马尾，黄金络马头;

腰中鹿卢剑，可值千万余。

十五府小吏，二十朝大夫，

三十侍中郎，四十专城居。

为人洁白皙，鬑鬑颇有须。

盈盈公府步，冉冉府中趋。

坐中数千人，皆言夫婿殊。"

试译：

太阳从东南方升起，照在秦家的高楼上。秦家有位美丽的姑娘，她的名字叫作罗敷。罗敷喜欢采桑养蚕，经常在城南边采桑。用青丝做笼系，用桂枝做钩拴笼上。头上梳着倭堕髻，耳上戴着宝珠环。黄色丝绸做下裙，紫色绫子做短袄。来往行人见罗敷，放下担子捋胡须。年轻男子见罗敷，脱帽重整束发布。耕者忘了自己在犁地，锄者忘记自己在锄田。农活没干完而相互埋怨，只是因为了贪看罗敷。

太守乘车从南边来，拉车的五马停下徘徊。太守派遣小吏去打听，问这是谁家的美女。"她是秦家的女儿名字叫作罗敷。"太守又问："罗敷年龄多大了？"小吏回答："还不足二十岁，但已超过十五了。"太守问罗敷："愿意同我一起乘车吗？"罗敷回话："使君多么愚笨啊！太守你已经有妻子了，罗敷我也有丈夫了！"

"东方千余个骑马的人中，我的夫婿居前位。靠什么识别我丈夫呢？他骑的白马后面有黑马跟随；马尾上系着青色丝绳，金丝络装点着马头；腰佩着鹿卢剑，宝剑可值千万余。十五岁在府中做小吏，二十岁在朝中做大夫，三十岁做侍中郎，四十岁成为一城之主。他肤色白皙，脸上略有一些胡子。他轻盈地迈着官步，从容地出入官府。太守宴会时官员无数，都说我丈夫最突出。"

陌上桑，意思是大路边的桑林。桑是社木，桑林在古代是男女自由恋爱的场所，《诗经》即有《桑中》等爱情诗。

秦罗敷正在路边采桑，却被轻浮的太守骚扰。面对权贵，秦罗敷机智应对，她告诉太守："使君自有妇，罗敷自有夫。"并以盛赞自己夫君才貌的方式拒绝了对方的无理请求。

与《羽林郎》中更着重刻画人物的活动不同，《陌上桑》则偏重于人物对话描写，后者的语气更委婉。《陌上桑》与《羽林郎》相映成趣，堪称乐府诗中珠联璧合之作。

🔴 叙事诗的顶峰

中国诗学中素来以叙事诗的不发达为缺憾，然而汉唐之际，名作迭出。在"缘事而发"的汉乐府中，《孔雀东南飞》就是一篇很了不起的叙事长诗。

建安年间，庐江府小吏焦仲卿的妻子刘氏被婆婆驱赶回娘家，她发誓不再改嫁。但她娘家人一直逼她再嫁，她就投水自尽。焦仲卿听到刘氏的死讯后，则吊死在自家庭院的树上。

当时有人为了哀悼两人，便创作了《孔雀东南飞》这首诗。诗的开头这样写道：

> 孔雀东南飞，五里一徘徊。"十三能织素，十四学裁衣，十五弹箜篌，十六诵诗书。十七为君妇，心中常苦悲。君既为府吏，守节情不移，贱妾留空房，相见常日稀。鸡鸣入机织，夜夜不得息。三日断五匹，大人故嫌迟。非为织作迟，君家妇难为！妾不堪驱

使，徒留无所施，便可白公姥，及时相遣归。"

诗的末尾这样写道二人的死亡：

> 府吏闻此事，心知长别离。徘徊庭树下，自挂东南枝。两家求合葬，合葬华山傍。东西植松柏，左右种梧桐。枝枝相覆盖，叶叶相交通。中有双飞鸟，自名为鸳鸯。仰头相向鸣，夜夜达五更。行人驻足听，寡妇起彷徨。多谢后世人，戒之慎勿忘！

《孔雀东南飞》以写实、叙事见长，它以近两千字的篇幅为读者展示了一对寻常夫妻爱情的故事。

刘兰芝自沉后，焦仲卿随之殉情而死。两人之间的爱情故事，让人动容。

这首诗初见于《玉台新咏》，原题为《古诗为焦仲卿妻作》；《乐府诗集》题名《焦仲卿妻》，称"古辞"；今人通常取此诗首句为题。据考证，这首诗应当是汉末人所作；但诗中又有一些汉朝以后风俗的描写，学界认为可能是后人的增饰。

《孔雀东南飞》的情节发展采取了双线交替推进的方式。其中，一条线索由焦仲卿、刘兰芝夫妇两人之间的关系构成；另一条线索由焦、刘夫妇同焦母、刘兄之间的关系构成。该诗是中国古代汉民族最长的叙事诗，代表了汉乐府诗的最高成就，后人将它和南北朝乐府民歌《木兰诗》合称为"乐府双璧"。

叙事名篇《木兰诗》

《木兰诗》是一首杰出的叙事长诗，大约产生于后魏时期，该诗以其深刻的社会思想和极高的艺术价值，为历代文人所推崇。

唧唧复唧唧，木兰当户织。不闻机杼声，唯闻女叹息。

问女何所思，问女何所忆。女亦无所思，女亦无所忆。昨夜见军帖，可汗大点兵，军书十二卷，卷卷有爷名。阿爷无大儿，木兰无长兄，愿为市鞍马，从此替爷征。

东市买骏马，西市买鞍鞯，南市买辔头，北市买长鞭。旦辞爷娘去，暮宿黄河边。不闻爷娘唤女声，但闻黄河流水鸣溅溅。旦辞黄河去，暮至黑山头，不闻爷娘唤女声，但闻燕山胡骑鸣啾啾。

万里赴戎机，关山度若飞。朔气传金柝，寒光照铁衣。将军百战死，壮士十年归。

归来见天子，天子坐明堂。策勋十二转，赏赐百千强。可汗问所欲，木兰不用尚书郎，愿驰千里足，送儿还故乡。

爷娘闻女来，出郭相扶将。阿姊闻妹来，当户理红妆。小弟闻姊来，磨刀霍霍向猪羊。开我东阁门，坐我西阁床，脱我战时袍，著我旧时裳。当窗理云鬓，对镜帖花黄。出门看火伴，火伴皆惊忙。同行十二年，不知木兰是女郎。

雄兔脚扑朔，雌兔眼迷离；双兔傍地走，安能辨我是雄雌？

《木兰诗》讲述了一个叫木兰的女子，在国家需要的时候，女扮男装，替父从军，在战场上凯旋，回朝后不愿做官只求回家团聚的故事。此诗叙事安排极具匠心，写的虽然是战争题材，但着墨较多的却是儿女情态和生活场景，富有生活气息。诗中以人物问答的形式来刻画人物心理，生动细致；以众多的排比铺陈来描述情态行为，神气跃然。

《木兰诗》的成功，首先在剪裁布局上的详略得当，作者将主要的笔墨放在木兰从军之前的准备和得胜回乡后的描写上，而对她如何征战沙场，功成辞爵的过程只是寥寥数笔来交代，这样的安排对表现木兰的个性是十分有利的。这样以少总多，反而使木兰的形象更加生动，让读者感受到她是一个有血有肉的人。木兰替父从军的故事说明她是个刚强、勇敢、机智的女性，带有传奇色彩。木兰英雄的形象是丰富的、有层次的、充实的、高大的、真实的。清人沈德潜评价此诗道："事奇语奇，卑靡时得此，如凤凰鸣，庆云见，为之快绝。"

● 被误解时如何澄清

在古代，由于人们出行不便，流浪和羁旅往往是诗人重要的书写题材之一。这首《艳歌行》就是为表现汉代的普通百姓流落在外的惆怅哀伤而作的。

> 翩翩堂前燕，冬藏夏来见。
>
> 兄弟两三人，流宕在他县。
>
> 故衣谁当补，新衣谁当绽？
>
> 赖得贤主人，览取为吾䋐。
>
> 夫婿从门来，斜柯西北眄。

"语卿且勿眄，水清石自见。"

石见何累累，远行不如归。

试译：

翩翩起飞的堂前燕，冬天躲藏夏天出现。

兄弟一行两三人，漂流游浪在异乡。

旧衣请谁补，新衣谁来缝？

多亏贤主人，为我缝补衣。

丈夫从门外归来，倚着西北角的枝干斜看。

请别怒目相待，真相总会大白。

事情真相虽已大白，在外谋生不如守在家中。

　　《艳歌行》有两首，这是其一，为汉代乐府古辞。该诗写的是一个普通的家庭"兄弟两三人"为了生计，流浪他乡，因女主人为他们缝补衣裳，被归来的丈夫发现而起了疑心。诗中的主妇正在为旅客缝补衣裳，这时丈夫外出归家，推门进院，看到这一场景，于是疑心大发。丈夫斜倚树干，对妻子侧目而视，对游子几人冷眼相逼，怒形于色。生疑心的丈夫，清白如水而被冤枉的主妇，行为正直、胸怀坦荡而处境难堪的游子几人，三者构成了尖锐的矛盾冲突。

　　遇到这种矛盾冲突时，该如何化解呢？

　　"语卿且勿眄，水清石自见"二句，是游子几人向男主人的表白，他们郑重地劝告男主人："且别斜着眼这么瞧人，事情总会水落石出"。最后，被误会的外乡人认为自己受到了不公正的对待，发出了"不如归去"的感慨。

借鉴乐府诗的文人诗

东汉时期出现了文人群体创作的诗歌，《古诗十九首》就是其中的代表，只是没有留下作者姓名。这些诗主要写的是游子羁旅和思妇闺愁，因此乡情和恋情就融汇在一起。如这首《行行重行行》：

> 行行重行行，与君生别离。
>
> 相去万余里，各在天一涯。
>
> 道路阻且长，会面安可知。
>
> 胡马依北风，越鸟巢南枝。
>
> 相去日已远，衣带日已缓。
>
> 浮云蔽白日，游子不顾返。
>
> 思君令人老，岁月忽已晚。
>
> 弃捐勿复道，努力加餐饭。

《古诗十九首》大多从不同例面了反映汉末动乱时下层知识分子的心理状态，而语言平易自然，如对朋友说的家常话，颇为后世称道。如这首《饮马长城窟行》：

> 青青河畔草，绵绵思远道。
>
> 远道不可思，宿昔梦见之。
>
> 梦见在我傍，忽觉在他乡。
>
> 他乡各异县，辗转不相见。
>
> 枯桑知天风，海水知天寒。

入门各自媚，谁肯相为言。

客从远方来，遗我双鲤鱼。

呼儿烹鲤鱼，中有尺素书。

长跪读素书，书中竟何如。

上言加餐食，下言长相忆。

这首诗写一位独居女子思念远在他乡的丈夫，而接到丈夫的书信，写的仅是"加餐食，长相忆"六字而已。此诗体现了女主人公从思念的痛苦绝望到接信的惊喜激动再到读信后的失落心情，表达了她在家中"独守"的悲苦和对丈夫的深深思念之情。

《古诗十九首》被南朝梁昭明太子萧统录入《文选》，是乐府古诗文人化的显著标志。在表现手法上，文人诗的措辞更为文雅，情感抒发通常要寄某物来表达。乐府诗则更为直白。不过从唐朝开始，文人渐渐也用乐府诗的形式进行文学创作，比如唐代诗人张籍写有一首《节妇吟·寄东平李司空师道》，明显受到《陌上桑》《羽林郎》这两首诗作的影响。张籍的诗写道：

君知妾有夫，赠妾双明珠。

感君缠绵意，系在红罗襦。

妾家高楼连苑起，良人执戟明光里。

知君用心如日月，事夫誓拟同生死。

还君明珠双泪垂，何不相逢未嫁时。

第五章

蓬莱文章，魏晋风骨

第五章

蓬莱文章，魏晋风骨

李白曾在《宣州谢朓楼饯别校书叔云》中写道："蓬莱文章建安骨，中间小谢又清发。""蓬莱文章"借指李云的文章，李白认为他的文章颇具建安风骨，还不时流露出谢朓诗风的清秀。"小谢"就是谢朓，后人将他与谢灵运并称。这看似是赞美李云的文章，其实也是李白在用以自喻。足见李白对建安时期诗文的推崇和赞赏。

从建安时代到曹魏前期，三曹（曹操、曹植、曹丕）与建安七子（孔融、陈琳、王粲、阮瑀、徐干、刘桢、应玚）并世而出，完成了乐府民歌向文人诗的最终转化。这些诗歌是向着后面五言诗、七言诗过渡的一个阶段，为唐诗中的五言、七言律诗的兴起奠定了基础。

魏武遗篇，古朴悲凉

曹操，字孟德，小字阿瞒，东汉沛国谯县（今安徽亳州）人。《三国志》称曹操为汉相曹参之后，其父亲曹嵩是大宦官曹腾的养子。

汉末，出身官宦世家的曹操被举为孝廉，入京都洛阳为官，出任洛阳北部尉、顿丘令。后拜骑都尉，攻打黄巾军。

中平六年（189），汉灵帝死，年幼的太子刘辩即位，少帝母亲何太后临朝，宦官掌握政权。为此，何太后的兄长大将军何进秘密召董卓带兵进京，想要诛杀宦官。不料，事情败露，何进反被宦官张让杀害。

张让等人又劫持少帝刘辩和陈留王刘协奔小平津。后来董卓率兵进京，窃取了国家大权，废少帝为弘农王，不久又将其杀害，立刘协为汉献帝。

董卓为了巩固统治，放火烧毁了洛阳城，挟持献帝与官民西迁长安。当时哀鸿遍野，民不聊生。数年后，曹操所写的《薤露行》便是对董卓之乱进行的记载和评论。

　　　　惟汉廿二世，所任诚不良。

　　　　沐猴而冠带，知小而谋强。

　　　　犹豫不敢断，因狩执君王。

　　　　白虹为贯日，己亦先受殃。

　　　　贼臣持国柄，杀主灭宇京。

　　　　荡覆帝基业，宗庙以燔丧。

　　　　播越西迁移，号泣而且行。

　　　　瞻彼洛城郭，微子为哀伤。

试译：

汉朝第二十二代皇帝，任用何进实属失策。

此人像一只披衣冠的猴子，没什么智慧却想谋划大事。

因为他的犹豫不决，天子被宦官挟持外出。

天象显现白虹贯日，何进被宦官杀了。

贼臣入京把持国家大权，杀了汉少帝还把洛阳也烧毁。

彻底荡覆了汉朝的政权，烧毁了帝王的祖庙。

裹挟汉献帝和官民向长安迁都，沿途尸骨盈野，哭声遍地。

望着那洛阳的城郭，我就像微子一样感到悲哀。

本诗借古题写时事，侧重写董卓弑逆，宗庙化为废墟，"真诗史也"。曹操此诗风格质朴无华，沉重悲凉，表达了他身为一位文学家和政治家的忧患意识和哀痛之情。

初平元年（190）正月，关东各州郡的地方官员起兵讨伐董卓。之后，曹操写了一首《蒿里行》：

关东有义士，兴兵讨群凶。

初期会盟津，乃心在咸阳。

军合力不齐，踌躇而雁行。

势利使人争，嗣还自相戕。

淮南弟称号，刻玺于北方。

铠甲生虮虱，万姓以死亡。

白骨露于野，千里无鸡鸣。

生民百遗一，念之断人肠。

试译：

关东州郡义士起兵讨伐那些劫持朝纲的董卓及其一伙。

开始，约定各路将领会盟，同心讨伐长安逆贼。

各路军队汇合之后，因各有打算，力不齐一，犹豫不前。

诸路军队开始为势力而争夺，随后军队之间就自相残杀起来。

袁绍的堂弟袁术在寿春称帝，袁绍屯兵河内在北方刻了皇帝金玺。

士兵连年征战脱不下战衣，铠甲上生满了虮虱，众多的百姓也因此而大批死亡。

尸骨曝于野地无人收埋，千里之间看不到人烟，听不到鸡鸣。

一百个百姓当中只能幸存一个，想到这里令人痛彻心肠。

横槊赋诗，慨当以慷

建安元年（196）九月，曹操奉迎汉献帝定都许昌，以曹操为大将军，封武平侯。之后，曹操又击败袁绍等割据势力，统一了中国北方。此时的曹操踌躇满志，内心以周公自诩。这种意气在他写的《短歌行》中显露无遗。

对酒当歌，人生几何？譬如朝露，去日苦多。

慨当以慷，忧思难忘。何以解忧？唯有杜康。

青青子衿，悠悠我心。但为君故，沉吟至今。

呦呦鹿鸣，食野之苹。我有嘉宾，鼓瑟吹笙。

明明如月，何时可掇？忧从中来，不可断绝。

越陌度阡，枉用相存。契阔谈䜩，心念旧恩。

月明星稀，乌鹊南飞。绕树三匝，何枝可依？

山不厌高，海不厌深。周公吐哺，天下归心。

这首诗气魄非凡，清代文学家陈沆在《诗比兴笺》中评论说："此诗即汉高祖《大风歌》思猛士之旨也。"清人张玉榖说这首诗感叹流光易逝，乃"欲得贤才以早建王业之诗"。

苏轼非常欣赏这首诗，他在《赤壁赋》中写道："'月明星稀，乌鹊南飞'，此非曹孟德之诗乎？……方其破荆州、下江陵，顺流而东也，舳舻千里，旌旗蔽空，酾酒临江，横槊赋诗，固一世之雄也，而今安在哉？"

《三国演义》的作者罗贯中据此演义为赤壁大战前夕，曹操站立船头横槊赋诗的场景。又给这首诗加上了"诗谶"的唯心色彩。

历来开国雄主都知人善任。曹操曾打破两汉以来以通经、仁孝取士的传统，提出"唯才是举"，要用"不仁不孝而有治国用兵之术"的人。比如曹操就想重用陈琳。陈琳早年在袁绍部下，曾作文辱骂曹操为"赘阉遗丑"，曹操对此非常痛恨，但他并没有杀陈琳，而是宽恕了陈琳，并予以重用。曹操求贤若渴的心情于此可见一斑。

曹操"昼携壮士破坚阵，夜接词人赋华屋"，是文韬武略兼备之人。本诗中的"青青子衿，悠悠我心"典出《诗经·郑风·子衿》。青青子衿是周代学子穿的衣服，本是写女子对恋人的思念，属于爱情之作。曹操一反常规，赋诗言志，又自续"但为君故，沉吟至今"，就变为表现自己对贤才的渴望。

"呦呦鹿鸣"四句典出《诗经·小雅·鹿鸣》，大意是鹿在原野上啃吃艾蒿，相互撒欢。曹操在此诗中，是要像鹿一样，高兴地设宴款待朋友，奏起管弦。

"月明星稀，乌鹊南飞。绕树三匝，无枝可依"，譬喻当时还有大批贤士尚在歧路徘徊，没有找到贤主，无所因依。

"山不厌高，海不厌深"两句出自《管子·形势解》："海不辞水，故能成其大；山不辞土石，故能成其高。"表明曹操对人才的渴求是不限量的，也就是"明主不厌人"。

曹操希望自己能像周公那样待人接物。周武王去世后，继承人成王幼小，尚在襁褓之中。周公听说诸侯因武王死而造反，就替成王处理政务，暂时主持国家大权。

这时，管叔和他的诸弟在国中散布流言说："周公将对成王不利。"

周公就对太公望、召公奭说："我之所以要代理国政，是怕天下人背叛周室，这样没法向先王太王、王季、文王交代。三位先王为周朝大业忧劳甚久，现在才刚成功。武王早逝，成王尚年幼，为了完成稳定周朝之大业，我不得不这样做。"

周公倾力辅佐成王，为周朝的巩固做出了重大贡献。周公曾告诫自己的儿子伯禽说："我一沐三捉发，一饭三吐哺，起以待士，有恐失天下之贤人。"当周公吃饭时见有客人来访，他一定放下筷子，赶紧出面接待。所谓"吐哺"，即吐掉口中咀嚼的食物。这就是曹操所要效仿的周公礼贤下士的态度，像这样虚心纳士，尊重他人，自然使得天下归心。

歌以咏志，以海自喻

据《三国志·魏书·武帝纪》记载，"三郡乌丸承天下乱，破幽州，略有汉民合十余万户。袁绍皆立其酋豪为单于，以家人子为己女，妻焉。辽西单于蹋顿尤强，为绍所厚，故尚兄弟归之，数入塞为害。"

曹操将征讨乌桓，却遭到了谋士们的一致反对，郭嘉除外。他认为：尽管曹军已经威震天下，但乌桓的地理位置偏远，那边一定不会增加防御力量。如果利用这个弱点发动奇袭，一定能打他们个措手不及。郭嘉见解精远，才智过人，曹操对其非常欣赏。

建安十二年（207），曹操采纳了从郭嘉的建议，北征乌桓大获全胜。自此之后，北方基本平定。在曹军得胜回师的途中，路过碣石山（今河北昌黎县），曹操作了《步出夏门行·观沧海》这首诗。

东临碣石，以观沧海。

水何澹澹，山岛竦峙。

树木丛生，百草丰茂。

秋风萧瑟，洪波涌起。

日月之行，若出其中；

星汉灿烂，若出其里。

幸甚至哉，歌以咏志。

曹操也在这首诗的最后提到了"歌以咏志"，这是中国古诗词的传统。尽管要表达的具体内容诗人没有说，但胸怀宽阔如沧海的意向是全诗所要表达的核心。诚如清人张玉谷所言："此志在容纳，而以海自比也。"

《观沧海》是中国文学史上第一首独立的、完整的山水诗，虽然是秋兴，却写得沉雄健爽，气势壮阔。曹操还作有《龟虽寿》一诗，这是《步出夏门行》的第四首：

神龟虽寿，犹有竟时；

腾蛇乘雾，终为土灰。

老骥伏枥，志在千里；

烈士暮年，壮心不已。

盈缩之期，不但在天；

养怡之福，可得永年。

幸甚至哉，歌以咏志。

据《世说新语》记载：东晋时的大将军王敦，每次酒后总是吟诵曹操的诗句——"老骥伏枥，志在千里；烈士暮年，壮心不已"，并以如意击打唾壶为节，壶口都被他敲残缺了。

曹操的诗慷慨悲凉，跌宕起伏，机理缜密，全用乐府诗体，对后世影响深远。现有明辑本《魏武帝集》。

建安十三年（208），曹操攻陷荆州，刘备逃走。随后在赤壁之战中，曹操败北，从此进入魏、蜀、吴三国鼎立的时代。之后，曹操被封魏王。九年后曹丕取代汉朝称魏国皇帝，追曹操为魏武帝。

慷慨赴国难，犹思《白马篇》

曹植，字子建，是曹操与卞皇后所生第三子，生前被封为陈王，去世后谥号"思"，因此世称陈思王。

　　曹植年幼时就能诵读《诗经》《论语》及先秦两汉辞赋，诸子百家也广泛涉猎。他天资聪敏，满腹才华，进见曹操时每被提问都应声而对，脱口成章。曹操曾看了曹植写的文章，惊疑地问他："这是你请人代写的吧？"曹植答道："我随口说出的话就是论，下笔就能写出文章。"

　　建安十二年（207）九月，曹植随父北征柳城（今辽宁朝阳）。之后，曹植写下《白马篇》一诗，就是曹植对此期间随父征战的写照。

　　　　白马饰金羁，连翩西北驰。

　　　　借问谁家子，幽并游侠儿。

　　　　少小去乡邑，扬声沙漠垂。

　　　　宿昔秉良弓，楛矢何参差。

　　　　控弦破左的，右发摧月支。

　　　　仰手接飞猱，俯身散马蹄。

　　　　狡捷过猴猿，勇剽若豹螭。

　　　　边城多警急，虏骑数迁移。

　　　　羽檄从北来，厉马登高堤。

　　　　长驱蹈匈奴，左顾凌鲜卑。

　　　　弃身锋刃端，性命安可怀？

　　　　父母且不顾，何言子与妻！

　　　　名编壮士籍，不得中顾私。

　　　　捐躯赴国难，视死忽如归！

试译：

白马佩着金饰的络头，奔腾着向西北飞驰而去。

若问这马上是谁家的孩子，那是幽州和并州的游侠义士。

年纪轻轻就离开了家乡，到沙漠边陲建立功勋。

拉开精弓如满月左右射击，射中靶心不差毫厘。

拉弓向左能射透箭靶，拉弓向右能射穿靶心。

他灵巧敏捷赛猿猴，又勇猛轻疾如豹螭。

国家边境军情紧急，侵略者屡屡进犯内地。

告急信从北方传来，游侠又催马跃上高堤。

随大军踏入匈奴直捣敌巢，再回师击退鲜卑敌骑。

上战场置身刀枪之中，从不将安危放在心里。

连父母也不能孝顺照顾，更不能顾及那儿女妻子。

名和姓已经列上战士名册，早已经忘掉个人私利。

为国家解危奋勇献身，视死如归有满腔正气。

《白马篇》是乐府歌辞，又作《游侠篇》，本诗勾画了一位骑着白马、武艺高超、渴望建功立业的游侠形象，借以抒发作者的报国激情。《诗品》的作者钟嵘亦赞曹植"骨气奇高，词彩华茂，情兼雅怨，体被文质，粲溢今古，卓尔不群"。曹植这首早期作品，波澜迭起，别开新境，满心豪气，展现出崇高的精神境界。清人王士祯曾经将曹植与李白、苏轼三人誉为"仙才"。

🔴 七步成诗，唤起手足情

南北朝诗人谢灵运说："天下才共一石，曹子建独得八斗，我得一斗，自古及今共用一斗。奇才敏捷，安有继之！"成语"才高八斗"就是出自这里。

曹植的才学为曹操所器重，曹操几欲立他为太子。建安十九年（214），曹植二十三岁，改封临淄侯。同年，曹操东征孙权，就让曹植留守邺城，临行前并对他寄予厚望。

曹植因为有才而受到父亲宠爱，丁仪、丁廙、杨修等人便都来辅佐他。曹操有些犹疑，好几次想要立曹植为太子。然而，曹植文人气节太浓，常常任性而行，不注意约束自己，饮起酒来毫无节制。

曹操的另一个备选继承人曹丕则城府极深，非常注重自己的言行举止，得到了许多人的支持，最终曹操便立曹丕为太子。

建安二十四年（219），曹仁被关羽军队围困，曹操命曹植担任南中郎将，带兵解救曹仁。命令发出后，曹植却喝得酩酊大醉。曹操因此对这个儿子失望透顶，从此不再重用他。

建安二十五年（220）正月，曹操病逝于洛阳，曹丕继王位。不久，曹丕称帝，建立魏国，定都洛阳，是为魏文帝。甄氏被封为妃。曹植听说曹丕废汉自立，就穿上丧服为汉朝悲泣。

曹丕称帝后，担心这个有学识又有政治抱负的弟弟会威胁自己的皇位，就想各种法子要除掉他。

《世说新语·文学》记载：魏文帝曹丕因为忌恨曹植的才华，曾令其在七步以内作诗，如果作不成就要被处死，于是曹植应声咏出了这首《七步诗》：

煮豆燃豆萁，豆在釜中泣。

本是同根生，相煎何太急？

此诗以萁豆相煎比喻同室操戈、兄弟相残，令曹丕感到非常惭愧。

《七步诗》的真伪历来存在争议。比如，学者余秋雨认为，以曹丕的才智，不大可能在宫殿上做出这样残暴而又儿戏式的恶作剧。况且曹丕深知曹植才思敏捷，要刁难他也不会做得这么笨。余秋雨认为这首诗比喻得体，有乐府风味，很可能是曹植的手笔，但创作时的戏剧场面，很可能是后人虚构的。

由此诗衍生出一个"萁豆相煎"的成语。

如何形容浪漫、绮丽的神女

黄初三年（222），三十一岁的曹植被封为鄄城王，邑二千五百户。曹植在回鄄城的途中，"感宋玉对楚王说神女之事"，写下了名篇《洛神赋》。曹植以浪漫主义的手法，通过构造梦幻，描写人和女神之间的爱情，人神之恋缥缈迷离，但由于人神道殊而不能结合，最后抒发了无限的怅惘悲伤之情。

　　黄初三年，余朝京师，还济洛川。古人有言，斯水之神，名曰"宓妃"。感宋玉对楚王说神女之事，遂作斯赋。其词曰：

　　余从京域，言归东藩，背伊阙，越轘辕，经通谷，陵景山。日既西倾，车殆马烦。尔乃税驾乎蘅皋，秣驷乎芝田，容与乎阳林，流眄乎洛川。于是精移神骇，忽焉思散。俯则未察，仰以殊观。睹一丽人，于岩之畔。乃援御者而告之曰："尔有觌于彼者乎？彼何人斯，若此之艳也！"御者对曰："臣闻河洛之神，名曰'宓妃'。

然则君王之所见也，无乃是乎！其状若何？臣愿闻之。"

余告之曰：其形也，翩若惊鸿，婉若游龙。荣曜秋菊，华茂春松。仿佛兮若轻云之蔽月，飘飖兮若流风之回雪。远而望之，皎若太阳升朝霞；迫而察之，灼若芙蕖出渌波。秾纤得衷，修短合度。肩若削成，腰如约素。延颈秀项，皓质呈露。芳泽无加，铅华弗御。云髻峨峨，修眉联娟。丹唇外朗，皓齿内鲜。明眸善睐，靥辅承权。瑰姿艳逸，仪静体闲。柔情绰态，媚于语言。奇服旷世，骨像应图。披罗衣之璀粲兮，珥瑶碧之华琚。戴金翠之首饰，缀明珠以耀躯。践远游之文履，曳雾绡之轻裾。微幽兰之芳蔼兮，步踟蹰于山隅。

于是忽焉纵体，以遨以嬉。左倚采旄，右荫桂旗。攘皓腕于神浒兮，采湍濑之玄芝。余情悦其淑美兮，心振荡而不怡。无良媒以接欢兮，托微波而通辞。愿诚素之先达兮，解玉佩以要之。嗟佳人之信修兮，羌习礼而明诗。抗琼珶以和予兮，指潜渊而为期。执眷眷之款实兮，惧斯灵之我欺。感交甫之弃言兮，怅犹豫而狐疑。收和颜而静志兮，申礼防以自持。

于是洛灵感焉，徙倚彷徨。神光离合，乍阴乍阳。竦轻躯以鹤立，若将飞而未翔。践椒涂之郁烈，步蘅薄而流芳。超长吟以永慕兮，声哀厉而弥长。

尔乃众灵杂沓，命俦啸侣。或戏清流，或翔神渚，或采明珠，或拾翠羽。从南湘之二妃，携汉滨之游女。叹匏瓜之无匹兮，咏牵牛之独处。扬轻袿之猗靡兮，翳修袖以延伫。体迅飞凫，飘忽若神。陵波微步，罗袜生尘。动无常则，若危若安；进止难期，若往若还。转眄流精，光润玉颜。含辞未吐，气若幽兰。华容婀娜，令我忘餐。

于是屏翳收风，川后静波，冯夷鸣鼓，女娲清歌。腾文鱼以警乘，鸣玉鸾以偕逝。六龙俨其齐首，载云车之容裔。鲸鲵踊而夹毂，水禽翔而为卫。于是越北沚，过南冈，纡素领，回清阳。动朱唇以徐言，陈交接之大纲。恨人神之道殊兮，怨盛年之莫当。抗罗袂以掩涕兮，泪流襟之浪浪。悼良会之永绝兮，哀一逝而异乡。无微情以效爱兮，献江南之明珰。虽潜处于太阴，长寄心于君王。忽不悟其所舍，怅神宵而蔽光。

于是背下陵高，足往神留。遗情想像，顾望怀愁。冀灵体之复形，御轻舟而上溯。浮长川而忘反，思绵绵而增慕。夜耿耿而不寐，沾繁霜而至曙。命仆夫而就驾，吾将归乎东路。揽騑辔以抗策，怅盘桓而不能去。

试译：

黄初三年，我来到京师朝觐，归途渡过洛水。古人曾说洛水之神名叫"宓妃"。我因有感于宋玉对楚王所说的神女之事，于是写了这篇赋。赋文云：

我从京师洛阳出发，向东回到我的封地鄄城，通过伊阙山，越过辕山，途经通谷，登上景山。这时夕阳西下，车困马乏。于是就在长满杜蘅的岸边停了车，在长着芝草的地里喂马。我则漫步于阳林，纵目四望水波浩渺的洛川。于是不觉神情恍惚，思绪飘散。低头时没有看见什么，一抬头却发现了奇观。只见一个绝妙美人，站在山岩之旁。我拉着身边的车夫对他说："你能看见那里有个人吗？那是什么人，竟如此美丽！"车夫回答说："臣听说河洛之神的名字叫作宓妃，难道现在君王所看见的就是她？她长得怎样，臣倒很想听一听。"

我告诉他说：她的形影翩然似惊飞的鸿雁，婉约像游动的蛟龙。容光焕发如秋日里的菊花，体态丰盈如春风中的青松。她时隐时现就像轻云笼月，飘忽似回风旋雪。远远地看着，明洁如朝霞中升起的太阳；走近而视之，清新如绿波间绽开的荷花。她体态适中，高矮合度，肩窄如削，腰细如一束绢帛，长长的颈项露出白皙的皮肤。既不涂抹胭脂，也不擦拭香粉，如乌云一般的发髻高耸如云，眉毛弯曲而细长，红唇鲜润，牙齿洁白，一双闪亮的眼睛善于顾盼，面颊下是甜甜的酒窝。她姿态妩媚优雅，举止娴静温文，情态和顺柔美，说话得体可人。洛神服饰奇艳，风骨体貌与图画上的一样。她身着明丽的罗衣，戴着精美的佩玉。头戴金银翡翠钗簪，周身缀以闪亮的明珠。她穿着饰有花纹的远游鞋，拖着薄雾般的裙裾。隐隐散发出幽兰的芳香，在山边徘徊徘徊。忽然又飘然轻举，且行且戏。左面倚着彩旄旗，右面有华美的桂木旗庇荫。在水边伸出素手，采撷水边的黑色灵芝。

我钟情于她的贤淑美丽，不觉心旌摇曳不安。没有合适的媒人去说情，只得借助微波来传递话语。但愿自己的真诚的心意能先于别人到达，我解下玉佩向她发出邀请。可叹佳人实在美好，既明礼义还善言辞，她举着琼玉向我作答，指着深深的水流以为期会。我恋恋不舍且诚恳朴实，又恐受神女的欺骗。有感于郑交甫遇神女背弃诺言之事，心中不觉惆怅、犹豫。于是，施展礼仪来自我约束。

这时洛神被我感动，留连徘徊。她身上的神光时离时合，忽明忽暗。她身躯轻盈像鹤立般，如将飞起而未翔。又踏着充满花椒浓香的道路，走过杜蘅丛生的地方而使芳气流动。忽又长吟以表示深沉的思慕，声音哀婉而悠长。于是众神纷至，呼朋引伴。有的戏嬉于清澈的溪流，有的飞翔于神异的水中高地，有的在采集明珠，有的在俯拾翠鸟的羽毛。洛神边上跟着娥皇、女英二妃，她手挽汉水女神。为匏瓜星的无偶而叹息，为牵牛星的孤独而哀咏。时而扬起飘动的上衣，用长袖遮蔽阳光远眺，久久伫立。时而又身体轻捷如飞凫，飘忽游移不定。她在水波上行走，罗袜溅起的涟漪如同尘埃。她动止没有规律，像着急又像安闲。进退难以预知，像离开又像返回。她双目流转放光，容颜泽润焕发。话未出口，却已气香如幽兰。她的体貌婀娜，令我看了茶饭不思。

在这时风神屏翳收敛了晚风，河神川后止息了波涛。冯夷击响了神鼓，女娲发出清澈的歌声。飞腾的文鱼警卫着洛神的车乘，众神随着叮当作响的玉鸾一起离去。六条龙齐头并进，驾着云车从容前去。鲸鱼腾跃在车驾两旁，水禽绕翔当起了护卫。车乘驶过北面的沙洲，越过南面的山冈，洛神转动白洁的脖子，回过清秀的眉目，朱唇微启，缓缓地陈诉往来交接的纲要。只怨恨人神有别，彼此虽然都处在盛年却无法如愿以偿。不禁举起罗袖掩面而泣，泪水涟涟沾湿衣襟，哀伤这欢乐的相会就此永绝，如今一别身处两地，不曾以细腻的柔情来表达爱慕之心，只能赠以用珠玉串成的耳饰作为永久的纪念。自己虽然深处太阴，却时时怀念君王。洛神说毕突然不知去处，我为众灵一时隐去光彩而深感惆怅。

于是我离开低处登上高处，脚步虽移，心神却仍留在原地。余情缱绻，时时想象着相会的情景和洛神的容貌。回首顾盼，更是愁绪满怀。希望洛神能再次出现，不顾一切地驾轻舟逆流而上。行舟于悠长的洛水而忘了回归，思恋之情绵绵不断，越来越强，以至整夜无法入睡，身上沾满浓霜直至天明。我不得不命仆夫备马就车，踏上向东返回的道路。但当手执马缰，举鞭欲策之时，却又怅然若失，留连徘徊，不愿离去。

《洛神赋》是一篇充满绮丽幻想的贵族辞赋，作者坦承此文系"感宋玉对楚王说神女之事"而作，抒发了作者无限的悲伤怅惘之情。《洛神赋》继承了汉赋的传统，又吸收了楚辞的浪漫主义精神，为辞赋的发展开辟了一个新的境界。《洛神赋》辞采华美，想象丰富。刘熙载评价道："曹子建《洛神赋》出于《湘君》《湘夫人》，而屈子深远矣。"

🔴 陆平原的宫怨诗

司马氏结束了数十年的割据与战乱后，晋初一度出现了政治经济的相对稳定，所以太康年间的诗坛呈现了异彩缤纷的局面，诗人辈出，佳作纷呈。所谓三张（张载、张协、张亢）、二陆（陆机、陆云）、两潘（潘岳、潘尼）、一左（左思）都是当时出色的诗人，其中尤以陆机与左思的成就最高。

陆机，字士衡，吴郡吴县（今江苏省苏州市）人。出身吴郡陆氏，为孙吴丞相陆逊之孙，世称"陆平原"。

陆机"少有奇才，文章冠世"，诗重排偶、藻绘，骈文亦佳，被誉为"太康之英"。他与弟陆云俱为西晋著名文学家。陆机亦善书法，他的《平复帖》是中国存世最早的名人书法真迹。

太康元年（280），孙吴灭亡。这一年，陆机选择了退居家乡，闭门勤学。陆机的爷爷和父亲都曾为孙吴效力，功勋卓著。陆机对于东吴末代皇帝孙皓投降西晋的事情有很深的感慨，便作文探讨孙权得天下、孙皓亡天下的原因。

钟嵘说陆机"源出于陈思"。因为陆机"才高词赡，举体华美"，正与曹植相近，故有此说。

陆机的《班婕妤》，写的是班婕妤见弃于汉成帝之事。

> 婕妤去辞宠，淹留终不见。
>
> 寄情在玉阶，托意惟团扇。
>
> 春苔暗阶除，秋草芜高殿。
>
> 黄昏履綦绝，愁来空雨面。

此诗又题作《婕妤怨》，是一首拟乐府诗，又是较早的宫怨题材的诗歌。婕妤，女官名。班婕妤是西汉成帝刘骜的妃嫔。

班婕妤才貌双全，据《汉书·后戚传》记载，她是汉成帝的后宫佳丽，颇得皇上宠爱。在顾恺之的《女史箴图》中，再现了班婕妤与汉成帝同乘驾舆的情景，画中班婕妤的端庄娴静，可谓古代妇容、妇德之典范。

后来，赵飞燕姊妹进宫，独得汉成帝的宠幸。汉成帝立赵飞燕为皇后，其妹赵合德为昭仪。班婕妤自请退居长信宫，服侍太后。

后人感慨她的遭遇，为之作《婕妤怨》。《班婕妤》在《乐府诗集》中属《相和歌辞·楚调》，古辞不存。陆机这首拟乐府是现存最早的以此为题的作品，后世还有王维等人作有此题。

左思的辞赋造成洛阳纸贵

左思，字泰冲，齐国临淄（今山东临淄）人，西晋著名文学家。左思出生寒微，发奋勤学。其父左熹，字彦雍，曾任武帝朝殿中侍御史、太原相、弋阳太守等。左思少时曾学书法、鼓琴，皆不成，后来受到父亲的激励，乃勤奋好学。

晋武帝时，由于左思的妹妹左棻被召入宫中，左思全家搬到了洛阳。

左思虽然外貌丑陋，还有点结巴、口讷，但所写诗文辞藻壮丽。据《世说新语·容止》记载，潘安样貌英俊，仪态优雅，他年轻时夹着弹弓走在大街上，遇见他的妇女都手拉手地一同围住他。左思长得太丑，他也学潘安到处游逛，妇女见到他就都向他乱吐唾沫，弄得他非常沮丧。

东汉班固的《两都赋》分《西都赋》和《东都赋》两篇，写的是西都长安和东都洛阳的景象。《二京赋》包括《西京赋》《东京赋》两篇，作者是张衡。二京就是班固的两都，指汉的西京长安与东京洛阳。

《两都赋》《二京赋》都是汉赋中的经典之作，左思的《三都赋》深受二者影响。但由于班固的《两都赋》和张衡的《二京赋》珠玉在前，《三都赋》需要另辟蹊径才能不至于被埋没。这时候，左思的儒家文化功底起了作用。

左思的《三都赋》在立意上，主要想突出三国鼎立中曹魏的正统地位，为晋承魏统的合理性提供理论依据。这就契合了当时统治阶层及朝野上下普遍认同的"正统观"。清代史学家王鸣盛说："左思于西晋初吴、蜀始平之后，作《三都赋》，抑吴都、蜀都而申魏都，以晋承魏统耳。"

左思在构思十年后，终于写成《三都赋》，分别是《魏都赋》《蜀都赋》《吴都赋》，全文有万余字，是魏晋赋中独有的长篇。但由于左思地位低微，当时的人们并未重视它。

左思认为，自己的文章不比班固和张衡的逊色。于是，左思就想通过名人推荐，来让更多的人了解自己的作品。当时，医学家皇甫谧在洛阳享有很高的声誉。于是，左思就前往拜访皇甫谧，并把《三都赋》呈给他看，他观后欣然为之作序。

接着，左思又请张载为《魏都赋》做注释；刘逵为《吴都赋》《蜀都赋》做注释，并为之作序。张华看了左思的《三都赋》，感叹道："左思是班固、张衡那样的一流人物！读完此赋让人有文已尽而意有余之感，历久弥新。"

自此，都城洛阳权贵之家皆争相传抄《三都赋》，导致纸不够用，遂使纸价上涨，造成"洛阳纸贵"。

当初陆机到了洛阳，想写《三都赋》，听说有个名叫左思的人正在写《三都赋》，就讥笑其不自量力。陆机在给弟弟陆云的信中说："这里有一个粗鄙之人想写《三都赋》，等他写成之后，我将用他的赋来封盖酒瓮呢。"待左思的赋写成，陆机读后从心底叹服，认为自己无法超过左思，就搁笔不写了。这就是"陆机辍笔"的典故。

除了《三都赋》，左思的诗歌也很有名，比如他的《咏史》：

郁郁涧底松，离离山上苗。

以彼径寸茎，荫此百尺条。

世胄蹑高位，英俊沉下僚。

地势使之然，由来非一朝。

金张藉旧业，七叶珥汉貂。

冯公岂不伟，白首不见招。

试译：

茂密的松树生长在山涧底，低垂的小苗生长在山头。

凭一寸粗的初生小苗，却可以遮蔽百尺之松。

世家子弟能登上高位获得权势，有才能的人却被埋没在底层。

出身地位不同使他们这样，由来已久，非一朝一夕所造成。

汉代金日磾和张汤二家就是依靠了祖上的遗业，子孙七代做了高官。

汉文帝时的冯唐难道不是个奇丈夫吗？就因为出身微寒，头发白了仍未被重用。

《咏史》是一组诗，这是其中一首。左思的诗歌，能以慷慨磊落的风格继承建安精神。该诗表现了一个下层知识分子对社会所抱的不平之鸣。

清人何焯评左思八首《咏史》道："题云《咏史》，其实乃咏怀也。八首一气挥洒，激昂顿挫。真是大手。晋诗中杰出者，太白多学之。"

在《三都赋》的序言中，左思谈到自己对文学创作的见解。左思推崇严格写实，反对虚构。对于这种写实主义，皇甫谧颇不以为然。在皇甫谧给《三都赋》作的序言中，他针对左思的观点，认为辞赋的特色在于华丽描写，因此虚构与夸张必不可少。

袁枚在《随园诗话》中写道："古无类书、无志书，又无字汇，故《三都》《两京》赋，言木则若干，言鸟则若干，必待搜辑群书，广采风土，然后成文。果能才藻富艳，便倾动一时。洛阳所以纸贵者，直是家置一本，当类书、郡志读耳。"

袁枚的意思是，左思生活的时代，缺乏百科全书或地方志一类的工具书。《三都赋》《两京赋》中有那么多的树木、禽鸟要描写，必须做大量的搜集、检索工作。之所以《三都赋》被竞相抄写，导致洛阳纸贵，是因为当时的知识分子需要把它作为小百科全书或地方志来参考使用，再加上此文辞藻华丽，所以人人必备。

袁枚还说，左思若是生在清朝，一定不会写这一类的赋。因为清朝"类书、字汇，无所不备"。即使写，也不过翻翻资料，一两天就能搞定。所以，清朝人写诗不必学左思，引用大量生僻的典故和杂事。即使再写出类似《三都赋》的作品，也不会有人再争相抄写了，更不会出现洛阳纸贵的现象。

因《三都赋》闻名西晋之后，秘书监贾谧请左思主讲《汉书》。贾谧在八王之乱中被诛，左思遂退居宜春里，一门心思扑在典籍上。齐王司马冏命左思为记室督，左思辞疾不就。等到张方肆意暴虐，祸害京都洛阳时，左思全家搬到了冀州。左思五十五岁时，因病去世。

第六章

诗以言志，歌以永言

第六章

诗以言志，歌以永言

诗言志，是我国古代文论家对诗的本质特征的认识，也是中国诗歌最古老的开山纲领。

《尚书·舜典》中载："诗言志，歌永言，声依永，律和声。"《庄子·天下篇》说："诗以道志。"《荀子·儒效》篇云："《诗》言是其志也。"

大体而言，诗歌都是表现诗人的主观意志和思想感情。如果将展示抱负、陈述志向的诗归为一类，为"述志类"诗歌，那么左思、陶渊明、颜延之的一些咏史之作旨在借古喻今，自明心迹，都可以归入其中。

🔴 将玄言与游仙融入诗歌

玄言诗是东晋的诗歌流派之一，约起于西晋之末而盛行于东晋。这类诗是一种以阐释老庄哲学和佛教哲理为主的诗歌。东晋时期，玄学盛行，玄、佛结合起来，许多佛教徒也用诗歌的形式来表达自己对玄理的感悟。由于政治的黑暗与混乱，晋代文人清谈玄理、避世隐逸之风兴盛，遂导致了平淡寡味的玄言诗充斥东晋诗坛。

"八王之乱"后，西晋王朝一蹶不振，走向灭亡。318年，司马睿在建康即帝位，建立了东晋王朝。东晋小朝廷偏安江左，不思振拔。

东晋王朝建立之初，曾数次北伐，均以失败告终。北方领土既然不能恢复，江南又山水秀美，南渡士人就在此安居下来。

由于玄言诗文学价值并不很高，又脱离现实生活，所以后来的东晋文学选集《文选》，极力避免收入玄言诗。

郭璞，字景纯，河东闻喜县（今属山西省）人，西晋建平太守郭瑗之子。郭璞不仅文章冠绝一时，阴阳、算历、卜筮之术无所不精，且有政治远见。

在玄言诗风行了半个多世纪之后，郭璞创作的十四首游仙诗在东晋诗坛上放射出不一样的光彩。游仙诗是汉诗的一个类型，是以遨游仙境为主题的诗歌。早在《庄子》中已有写仙人"肌肤若冰雪，绰约若处子""千岁厌世，去而上仙；乘彼白云，至于帝乡"的篇章。通过"游"的描写以表现逍遥世界，抒发内心的忧思，初具游仙诗的雏形。郭璞的游仙诗可以看作是玄言诗的变种，他借游仙的主题，抒发超尘绝俗的情志，这为后来唐人的创作提供了参照。

《游仙诗·逸翮思拂霄》是郭璞所创作的十四首游仙诗的第五首，此诗抒发了智士生不逢时的感慨。

> 逸翮思拂霄，迅足羡远游。
> 清源无增澜，安得运吞舟？
> 珪璋虽特达，明月难暗投。

潜颖怨青阳，陵苕哀素秋。

悲来恻丹心，零泪缘缨流。

此诗运用比喻的修辞手法写成，其喻体和本体的涵义一目了然。开头"逸翮思拂霄，迅足羡远游"一句便是表达自己的志向和抱负，想要一双翅膀拂霄而飞，如同大鹏鸟一样，扶摇直上；想要长着一双能够迅疾奔跑的双足，可以驰骋千里，远游四方。

"清源无增澜，安得运吞舟？"此句是说由于政治环境黑暗，自己如同在没有大波大浪的浅水之中，吞舟的大鱼又怎能在这里面运行呢？

"珪璋虽特达，明月难暗投"是说自己德才兼备，但德才不为人所识，犹如明珠暗投一样。

"潜颖怨青阳，陵苕哀素秋"言植物因所处地域不同，有的抱怨春光来迟，有的憎恨风霜早至，以此比喻隐微之人恨不能显达，而显达之人又恨荣华不能长保，他们各有其悲，言外之意是不如隐遁。"潜颖"指在幽潜之处长出的植物，"陵苕"指在高处翘秀的植物。

此诗以"悲来恻丹心，零泪缘缨流"结尾，表达出无可奈何的哀叹，感慨自己空怀一片丹心却报国无门，悲痛得让眼泪沿着帽带流淌。此诗虽有游仙之名，实则是借遗世之志发泄对现实遭遇的不满。

陶渊明的隐逸诗风

陶渊明，名潜，字元亮，别号五柳先生，卒后私谥靖节，世称靖节先生。浔阳柴桑（今江西省九江市）人。曾任江州祭酒、建威参军、镇军参军、彭泽县令。出仕为彭泽县令仅八十多天便弃职而去，从此归隐田园。

他是中国文学史上第一位田园诗人，是田园派诗歌的开创者。

陶潜自幼修习儒、道二家经典，"总角闻道"，"少年罕人事，游好在六经"，"少无适俗韵，性本爱丘山"，"猛志逸四海，骞翮思远翥"。他曾作《饮酒》二十首，其十云：

> 在昔曾远游，直至东海隅。
>
> 道路迥且长，风波阻中涂。
>
> 此行谁使然？似为饥所驱。
>
> 倾身营一饱，少许便有余。
>
> 恐此非名计，息驾归闲居。

陶渊明的这首诗是在回忆自己曾因生计所迫而过上的游宦生涯。二十九岁时，陶渊明出任江州祭酒，但不久便辞官归家。

陶渊明被称为"古今隐逸诗人之宗"，其实他的诗也并非全是静穆之气，他的不少诗中都曾表现出峥嵘气象。隐逸只是陶渊明对现实的一种抗争形式，以陶渊明《饮酒》二十首之八为例：

> 栖栖失群鸟，日暮犹独飞。
>
> 徘徊无定止，夜夜声转悲。
>
> 厉响思清远，去来何依依。
>
> 因值孤生松，敛翮遥来归。
>
> 劲风无荣木，此荫独不衰。
>
> 托身已得所，千载不相违。

陶渊明以"失群鸟"自喻，道出了弃官归隐的真实原因，"不能为五斗米折腰，拳拳事乡里小人"只是表层原因，而更深层的原因是刘裕滥杀异己。

据《宋书·武帝纪》记载，"尚书左仆射王愉，愉子荆州刺史绥等，江左冠族。绥少有重名，以高祖起身布衣，甚相凌忽。绥，桓氏甥，亦有自疑之志。高祖悉诛之。""高祖"就是刘裕，他推翻晋朝，建立南朝宋，改元永初。

这不仅是一般意义上的王朝更替，还是一种统治阶级的易位，也就是寒门武人集团要取代高门士族集团。出身寒微的刘裕，为了巩固自己的统治地位，对高门士族集团进行了残酷的屠戮。如对司马氏宗室、陈郡殷氏、太原王氏、京口刁氏等相关势力予以了清除，并出台一系列打击地方豪门强宗的政策。

陶渊明忠于晋室，政治倾向上与刘裕是"对手盘"。所以，陶渊明难免有危机高悬之感。对于陶渊明来说，如果坚持自己忠于晋室的政治倾向就会惹祸上身，如果违心地改变自己的政治立场，为刘裕服务，也未必会被信任。故而对他来说，最好的策略就是找一个借口归隐。这时，陶渊明写了《归去来兮辞》这篇抒情小赋。其中写道：

归去来兮，田园将芜胡不归？既自以心为形役，奚惆怅而独悲？悟已往之不谏，知来者之可追。

实迷途其未远，觉今是而昨非。舟遥遥以轻飏，风飘飘而吹衣。问征夫以前路，恨晨光之熹微。

试译：

归去吧，田园就要荒芜了，为什么还不归去呢？既然自己的心志为形体所役使，为什么如此伤感而独自悲哀？认识到过去犯的错误已不可挽回，知道未来的事还来得及弥补。

确实走入了迷途，好在还不远，已觉悟到现在是对而曾经是错。船在水面上轻轻漂荡，微风吹拂着我的衣裳。向行人询问前面的路，只恨天亮得太慢。

仅从这一部分就能看出，《归去来兮辞》是陶渊明归隐田园的一篇宣言。北宋大文豪欧阳修对这篇小赋推崇备至，尝言："两晋无文章，幸独有《归去来兮辞》一篇耳，然其词义夷旷萧散，虽托楚声，而无其尤怨切蹙之病。"

尽管《归去来兮辞》借鉴了楚辞的一些元素，但陶渊明能自出机杼，摒弃了楚辞中怨愤、悲伤情调的毛病，表现出一种旷达潇洒的风格。

"老庄告退而山水方滋"就是大评论家刘勰对山水诗产生的描述。可以说，只要诗中涉及的山水附带着作者的情感而成为所咏对象之一，至少在广义上就能算作山水诗了。陶渊明的名作《饮酒·其五》就是这类山水诗的代表作之一。

结庐在人境，而无车马喧。

问君何能尔？心远地自偏。

采菊东篱下，悠然见南山。

山气日夕佳，飞鸟相与还。

此中有真意，欲辨已忘言。

试译：

居住在人世间，却没有车马的喧嚣。问我如何能做到这样？只要心志高远，居所自然就会营造出偏僻的心境。在东篱之下采摘菊花，悠然间，远处的南山出现在眼前。山中的气息与傍晚的景色都很好，有飞鸟结着伴儿归来。这里面蕴含着人生的真谛，想要用言辞表达，却又不知怎样表达。

陶渊明诗中的老庄思想已经融入了对自然的向往，显示了由玄言诗转变为山水诗的契机。山水诗之所以在晋宋之交出现，正是儒家与道家思想融合，以及"天人合一"等观念影响的结果。而这种转变在刘宋诗人谢灵运的诗中也颇为明显。

恃才傲物的"颜谢"

颜延之，字延年，琅琊临沂（今山东省临沂市）人。南朝宋文学家、文坛领袖人物、元嘉三大家之一。

颜延之出生于东晋孝武帝时期，父亲颜显曾担任东晋护军司马。但颜显早亡，导致颜延之生活较为清贫。

颜延之文词显于当世，史称"文章之美，冠绝当时"。晋末到刘宋时期，谢灵运引领诗坛，能够与之比肩的只有颜延之，他与谢灵运齐名，并称"颜谢"。

宋武帝刘裕灭晋后，让颜延之看到提高社会地位的机遇。另外，颜延之与刘裕的心腹干将刘穆之有通家之好，因而能够与刘裕接近。宋孝武帝即位后，颜延之担任金紫光禄大夫，后世称其"颜光禄"。

颜延之恃才傲物，与当时的数位权臣都有矛盾，因而遭受排挤，后来他被罢官。这首《阮步兵》可见其性格。

阮公虽沦迹，识密鉴亦洞。

沉醉似埋照，寓词类托讽。

长啸若怀人，越礼自惊众。

物故不可论，途穷能无恸。

据《宋书·颜延之传》所载，颜延之初当过步兵校尉，好酒疏放，不能苟合当朝权贵，见刘湛、殷景仁等大权独揽，意有不平，常说道："天下之务当与天下共之，岂一人之智所能独了。"他言辞激昂，因而经常触犯当权者。刘湛等人很忌恨他，在彭城王义康前诽谤他，于是令其出任永嘉太守。延之内心怨愤，遂作《五君咏》五首，分别歌咏"竹林七贤"中的阮籍、嵇康、刘伶、阮咸和向秀五人，《阮步兵》是第一首，咏阮籍。

尽管如此，但颜延之依然与刘宋上层社会保持着密切关系。再后来，与颜延之有过矛盾的权臣都下台后，他又被重新启用。456年，颜延之去世，享年七十三岁，追赠散骑常侍、特进，谥号为宪。

谢灵运和颜延之的诗歌都重视雕琢，但谢灵运致力于自然形象的捕捉，景中融情，情中寓理，突破了玄言诗的束缚，使人耳目一新。

继陶渊明的田园诗之后，山水诗开始崛起，这标志着一种新的自然审美观念和审美趣味的产生。

山水诗，是指描写山水或风景的诗。南北朝时期，南方的代表诗人有谢灵运。谢灵运名公义，字灵运，小名客儿，陈郡阳夏县（今河南省太康县）人，山水诗派鼻祖。

谢灵运是东晋名将谢玄孙。他年少好学，博览群书，工诗善文。其诗与颜延之齐名，并称"颜谢"。

宋武帝刘裕去世后，长子刘义符即位，史称少帝，大臣徐羡之等人把持朝政。谢灵运经常批评时政，引起执政大臣的不满，永初三年（422）被逐出京都，迁为永嘉太守。他在政治上受到了这一次沉重打击，到永嘉的第一个冬天就病倒在床，来春始愈，登楼观景，写下《登池上楼》，诗云：

潜虬媚幽姿，飞鸿响远音。

薄霄愧云浮，栖川怍渊沉。

进德智所拙，退耕力不任。

徇禄反穷海，卧病对空林。

衾枕昧节候，褰开暂窥临。

倾耳聆波澜，举目眺岖嵚。

初景革绪风，新阳改故阴。

池塘生春草，园柳变鸣禽。

祁祁伤豳歌，萋萋感楚吟。

索居易永久，离群难处心。

持操岂独古，无闷征在今。

试译：

潜藏的龙，姿态是多么美妙；高飞的鸿雁，声音是多么的亮。

我想停留在云霄，却愧不如天上的飞鸿；我想隐退沉潜，却惭不如深渊的潜龙。

我想仕进修德，却才思笨拙；我想退隐耕田，却力难胜任。

为了企求俸禄，我被贬到这偏远的海边做官；只能卧病在床，面对着空荡荡的树林。

终日蒙着被子睡在病榻上，浑然不知季节气候的变化。偶然间推开窗帷，暂且登楼眺望。

倾耳细听潺潺流水的声音，举目眺望那巍峨高峻的山岭。

初春的阳光已经驱走了残余的冬风，和煦的阳光也更替了去冬的阴冷。

忽然发现，池塘里已经长满了春草，园中柳条上的鸣禽也变了种类、换了声音。

想起《诗经·豳风》这首歌，真使我伤感，想到《楚辞·招隐士》这首歌，更是让我感慨。

独居的生活容易让人觉得时间难换，离开群体的处境让人难以安心。

保持节操哪里仅是古人才做得到呢？"遁世无闷"在我的身上已经得到验证。

谢灵运是第一位全力创作山水诗的诗人，开创了山水诗之先河，他的山水诗脱胎于玄言诗，实现了玄言诗向山水诗的转变。

谢灵运看多了人世间的肮脏黑暗，逃遁到山水间。山水是治疗谢灵运心灵创伤的一剂良药。他在诗歌中也多次写到此点。如"将穷山海迹，永绝赏心悟""清晖能娱人，游子憺忘归"。

谢灵运曾自评："天下才共一石，曹子建独得八斗，我得一斗，自古及今共用一斗。"谢灵运大量吟咏山水的诗作都旨在从外物的角度寻求自我解脱。由于力求逼真地再现自然，随着山水诗而来的是描写工细、用字雕琢的创作风气。与谢灵运同时的著名诗人还有鲍照和颜延之，他们一同被称为"元嘉三大家"。

● 诗风俊逸"鲍参军"

南北朝时期的诗人鲍照，字明远，祖籍东海（今山东省郯城县），著名文学家，与北周庾信并称"鲍庾"，与颜延之、谢灵运并称"元嘉三大家"。

鲍照家境贫寒，年少时曾从事农耕。

鲍照在二十岁时，怀才不遇的苦闷让他很是消沉，于是他就写了一首《拟行路难》坦露心迹：

泻水置平地，各自东西南北流。

人生亦有命，安能行叹复坐愁？

酌酒以自宽，举杯断绝歌路难。

心非木石岂无感？吞声踯躅不敢言。

鲍照的妻子张文姬为了勉励丈夫，就写了一首《沙上鹭》来回应：

> 沙头一水禽，鼓翼扬清音。
>
> 只待高风便，非无云汉心。

在张文姬的鼓励之下，鲍照重拾信心。元嘉十二年（435），鲍照向文学家刘义庆献诗言志。其中就有组诗《拟行路难》十八首。《拟行路难》的第六首中，鲍照这样写道：

> 对案不能食，拔剑击柱长叹息。
>
> 丈夫生世会几时？安能蹀躞垂羽翼？
>
> 弃置罢官去，还家自休息。
>
> 朝出与亲辞，暮还在亲侧。
>
> 弄儿床前戏，看妇机中织。
>
> 自古圣贤皆贫贱，何况我辈孤且直！

刘义庆是南朝宋宗室，宋武帝刘裕之侄。刘义庆是识才之人，他读到鲍照的作品后，大为激赏。因而，刘义庆擢升鲍照为临川王国侍郎。此时的鲍照，还曾协助刘义庆编写《世说新语》一书。鲍照凭借自己的才华与气概，赢得了贵人的赏识。之后，鲍照又先后入刘义季和刘浚幕府。

刘骏即位后，史称宋孝武帝。鲍照作《中兴歌》十首，得到了刘骏的赏识。宋孝武帝任命鲍照为太常博士兼中书舍人，鲍照相当于进入了皇帝的秘书班子，他凭借自己的才华跨越了阶层。

大明五年（461），鲍照出任临海王刘子顼前军行参军，人称的"鲍参军"。杜甫曾有一首《春日忆李白》写道：

> 白也诗无敌，飘然思不群。
>
> 清新庾开府，俊逸鲍参军。
>
> 渭北春天树，江东日暮云。
>
> 何时一樽酒，重与细论文。

鲍照的诗以"俊逸"著称，为达到形似的目的，他在其山水诗中以大量的景物入诗。如《登庐山望石门》：

> 访世失隐沦，从山异灵士。
>
> 明发振云冠，升峤远栖趾。
>
> 高岑隔半天，长崖断千里。
>
> 氛雾承星辰，潭壑洞江氾。
>
> 嶻绝类虎牙，嬾岏象熊耳。
>
> 埋冰或百年，韬树必千祀。
>
> 鸡鸣清涧中，猿啸白云里。
>
> 瑶波逐穴开，霞石触峰起。
>
> 回互非一形，参差悉相似。
>
> 倾听凤管宾，缅望钓龙子。
>
> 松桂盈膝前，如何秽城市。

鲍照吸收了汉魏乐府的长处，并大胆学习民歌自然活泼的风格，形成了他独具的语言面貌，创作了不少以七言为主的乐府体诗，这类诗感情奔放、声调铿锵、辞藻华丽，打破了五言诗一统诗坛的局面。鲍照的七言古体诗风格俊逸豪放，为唐代七言歌行体的发展铺平了道路。

庾信平生最萧瑟

南北朝时期，与鲍照齐名的身处北方的杰出诗人庾信，字子山，小字兰成。南阳郡新野县（今河南省南阳市新野县）人。

庾信其家可谓，"七世举秀才""五代有文集"的书香门第。庾信"幼而俊迈，聪敏绝伦"。他的父亲庾肩吾，曾任南梁散骑常侍、中书令。因此，庾信自幼就有机会随父出入于萧纲的宫廷。萧纲是萧统同母弟弟，也是南北朝时期南梁第二位皇帝。锦衣玉食的贵族生活，导致了庾信早期的作品流于俗艳，没有高深的思想境界。

"侯景之乱"时，庾信逃往江陵。后奉命出使西魏，因梁为西魏所灭，遂留居北方，官至车骑大将军、开府仪同三司。

北周代魏后，庾信又出任骠骑大将军、开府仪同三司，故世称"庾开府"。当时，陈朝与北周通好，并许流寓人士归还故国，只有庾信不得回南方故里。

庾信经历了世道变乱，文风变得日益遒劲萧瑟。庾信初至北方时，北方文士大多看不起他。无奈之下，庾信将自己的作品《枯树赋》给他们看，自此之后，北方文坛无不折服，无人再敢轻看庾信的才华。《枯树赋》全文如下：

殷仲文风流儒雅，海内知名。世异时移，出为东阳太守。常忽忽不乐，顾庭槐而叹曰："此树婆娑，生意尽矣！"

至如白鹿贞松，青牛文梓。根柢盘魄，山崖表里。桂何事而销亡，桐何为而半死？昔之三河徙植，九畹移根。开花建始之殿，落实睢阳之园。声含嶰谷，曲抱《云门》。将雏集凤，比翼巢鸳。临风亭而唳鹤，对月峡而吟猿。乃有拳曲拥肿，盘坳反覆。熊彪顾盼，鱼龙起伏。节竖山连，文横水蹙。匠石惊视，公输眩目。雕镌始就，剞劂仍加。平鳞铲甲，落角摧牙。重重碎锦，片片真花。纷披草树，散乱烟霞。

若夫松子、古度、平仲、君迁，森梢百顷，槎枿千年。秦则大夫受职，汉则将军坐焉。莫不苔埋菌压，鸟剥虫穿。或低垂于霜露，或撼顿于风烟。东海有白木之庙，西河有枯桑之社，北陆以杨叶为关，南陵以梅根作冶。小山则丛桂留人，扶风则长松系马。岂独城临细柳之上，塞落桃林之下。

若乃山河阻绝，飘零离别。拔本垂泪，伤根沥血。火入空心，膏流断节。横洞口而敧卧，顿山腰而半折，文斜者百围冰碎，理正者千寻瓦裂。戴瘿衔瘤，藏穿抱穴，木魅睒睗，山精妖孽。

况复风云不感，羁旅无归。未能采葛，还成食薇。沉沦穷巷，芜没荆扉，既伤摇落，弥嗟变衰。《淮南子》云："木叶落，长年悲。"斯之谓矣。

乃歌曰："建章三月火，黄河万里槎。若非金谷满园树，即是河阳一县花。"桓大司马闻而叹曰："昔年种柳，依依汉南。今看摇落，凄怆江潭。树犹如此，人何以堪！"

试译：

殷仲文风流儒雅，富有学识，因此名声满天下。因为时世变迁，被外放到东阳做太守。殷仲文郁郁寡欢，望着院子里的老槐树叹息道："这棵树曾经婆娑多姿，而现在生机殆尽了！"

至于白鹿塞的松树，长寿且坚贞；树心有青牛的文梓，根系庞大，密布山崖内外。桂树因什么而枯死？梧桐又因什么而半枯？过去从三河移植，从广大的土地迁徙。虽然花开在洛阳建始殿前，却在梁国睢阳园中结果。树声中含有嶰谷竹声的声韵，声调合于黄帝的《云门》乐律。带着幼雏的凤凰曾来聚集，比翼的鸳鸯常来巢居。内心深处似陆机那样，渴望一听故乡临风亭的鹤鸣，现在只能对着明月峡听猿声长吟。

有的树弯曲结疤，树木上下缠扭，树干粗短得如同蹲着的熊虎，枝条柔弱得好像水中的鱼龙。这样无用的树木被用来制作成山形的斗拱、藻绘的梁柱，使匠石看了吃惊，公输见了迷惑。雕凿初成后，还要用刻刀加工。或雕上有鳞甲的祥龙，或刻成有角牙的瑞兽。层层灿烂如碎锦，簇簇娇艳似真花。还有色彩纷呈的花草树木，飘散成烟霞。

至于松子、古度、平仲、君迁这类树木，挺拔茂盛，动辄有百顷之多，余根剩桩，往往有千岁的树龄。有的树在秦朝曾受封过大夫的官职，有的树在汉朝曾与将军的名字连在一起。但不论哪种树，它们都受到苔菌的遮压，都受到鸟雀和害虫的剥啄。在霜露的侵袭下它们有的低眉垂首，在风烟的围剿中它们有的震颤乃至倒下。邻近东海的地区有座神庙前种着白皮松，西河地区有棵枯干的桑树被奉为社神。北方用杨叶作为关塞的名称，南国又用梅根命名冶铸的场所。淮南小山曾有咏桂的辞赋留于后人，晋代刘琨的《扶风歌》则有长松系马的哀吟。难道只有见于记载的细柳营、桃林塞吗？

至于山河隔绝，流落异国他乡。被拔根的大树流着眼泪，受伤的树根鲜血淋漓。空心老干时常起火，断节处树脂横溢。有的树歪歪斜斜地横卧在山洞口，有的树被拦腰折断仰倒在半山坡。纹理百围的极粗的树像冰块一样破碎了，纹理整齐的极高的树也像瓦片一般断裂了。树身上下长满肿瘤，树身内外满是虫穴鸟窝。丛林中有树妖出没闪烁，山野里有山妖游荡作祟。树妖目光闪灼，山妖暗中出没。

像我这样机运不佳，羁旅异朝无法归去的人。不能吟咏思人深切的《诗经·采葛》，又怎能如伯夷、叔齐的食薇不辱？沉沦在穷街陋巷之中，埋没在荆木院门之内，既伤心树木凋零，更叹息人生易老。《淮南子》所说的"树叶飘落，老人生悲"，就是指我这种境况呀！

于是有歌云："建章宫大火烧了三月之后，残骸如筏在黄河上漂流万里。那些灰烬，不是金谷园的树，就是河阳县的花。"大司马桓温听后感叹道："当年在汉水之南种下的柳树，曾经枝条飘拂依依相惜。今天却看到它枝叶摇落凋零，江边一片凄清景象。树尚且如此，又何况人呢？"

庾信的诗文以刚健著称，《枯树赋》充满了乡关之思，全篇感慨都在"世异时移"上。他融合南北朝诗歌文学精华，成为六朝诗歌的集大成者。杜甫在《戏为六绝句》中说"庾信文章老更成，凌云健笔意纵横"；又说他"暮年诗赋动江关"，正是对他后期作品所作的准确评价。

庾信在北方，一方面被尊为文坛宗师，受皇帝礼遇，与诸王结布衣之交，一方面又深切思念故国乡土。他的《哀江南赋》是其"封神之作"。

因本书篇幅所限，仅仅节选其中最精彩部分来赏析。

　　日暮途远，人间何世！将军一去，大树飘零；壮士不还，寒风萧瑟。荆璧睨柱，受连城而见欺；载书横阶，捧珠盘而不定。钟仪君子，入就南冠之囚；季孙行人，留守西河之馆。申包胥之顿地，碎之以首；蔡威公之泪尽，加之以血。钓台移柳，非玉关之可望；华亭鹤唳，岂河桥之可闻！

　　孙策以天下为三分，众才一旅；项籍用江东之子弟，人唯八千。遂乃分裂山河，宰割天下。岂有百万义师，一朝卷甲，芟夷斩伐，如草木焉？江淮无涯岸之阻，亭壁无藩篱之固。头会箕敛者，合纵缔交；锄耰棘矜者，因利乘便。将非江表王气，终于三百年乎？是知并吞六合，不免轵道之灾；混一车书，无救平阳之祸。呜呼！山岳崩颓，既履危亡之运；春秋迭代，必有去故之悲。天意人事，可以凄怆伤心者矣！况复舟楫路穷，星汉非乘槎可上；风飙道阻，蓬莱无可到之期。

试译：

年老体衰，归途遥远，恍然间感到人世间变故太多。冯异将军一离开，大树便飘零。荆轲壮士不返，寒风倍感萧瑟。我空怀蔺相如持璧睨柱之志，不料被不守信义之徒所欺；又想像毛遂那样逼迫楚国签约，却手捧珠盘而未能促使两国缔结盟约。我只能像君子钟仪那样，戴着南冠作为人质；像行人季孙那样，留住在西河的别馆。我何尝不想学申包胥求秦出兵时的叩头碎脑；却只落得像蔡威公国亡时的痛哭泪尽。故国钓台的移柳，困居玉门关的人难道可以望见？华亭的鹤唳，魂断河桥的人能再听到吗？

孙策统一江南三分天下，创业之始他的军队不过五百人；项羽与刘邦相争，只率领八千江东子弟。他们这样就剖分山河，割据天下。哪里有号称百万的义师，竟只能闻风溃败，被作乱者肆意戮杀，如除草一般？长江淮河失去了水岸的阻挡，军营壁垒缺少了藩篱的坚固，使得那些作乱者得以暗中勾结，那些出身于下层的人得以乘虚而入。莫非江南一带的帝王之气，已经在三百年间耗尽了吗？于此可知秦国并吞天下，最终不免于子婴在轵道旁投降的灾难；晋武帝统一海内，也救不了怀、愍二帝被害于平阳的祸患。呜呼！山岳崩塌，既然已经历国家危亡的厄运；改朝换代，必然会有背井离乡的悲哀。这是天意人事，令人凄怆伤心。何况又舟船无路，银河不是乘筏驾船所能上达；狂风阻道，仙山蓬莱也无法到达。

"哀江南"语出《楚辞·招魂》"魂兮归来哀江南"句。梁武帝定都建业，梁元帝定都江陵，二者都属于战国时的楚地，作者借此语哀悼故国梁朝的衰亡。

杜甫一生的偶像就是庾信。杜甫曾在晚年写诗盛赞庾信文章："庾信文章老更成，凌云健笔意纵横。"《哀江南赋》是一篇能与《洛神赋》齐名的神作，长达三千多字，通篇全是工整对仗的骈俪文，兼具恢宏而又萧瑟的意境之美。

庾信在北方停留了三十年，他为自己身仕敌国而羞愧，因不得自由而怨愤。到了隋文帝开皇元年（581），庾信终老于北方，享年六十九岁。

🔴 拓展了山水诗的"小谢"

谢朓字玄晖，南齐陈郡阳夏（今河南太康）人，出身陈郡谢氏，与"大谢"谢灵运同族，世称"小谢"。

谢朓博学多才，少有美名，为竟陵王萧子良"竟陵八友"之一。初为豫章王太尉行参军，又担任过太子舍人、新安王中军记室、尚书殿中郎等职。

《暂使下都夜发新林至京邑赠西府同僚》是谢朓自荆州隋王府被召回建业的路上所写。谢朓当时任萧子隆的文学侍从。萧子隆爱好辞赋，谢朓很受他赏识。

大江流日夜，客心悲未央。

徒念关山近，终知返路长。

秋河曙耿耿，寒渚夜苍苍。

引领见京室，宫雉正相望。

金波丽鳷鹊，玉绳低建章。

驱车鼎门外，思见昭丘阳。

驰晖不可接，何况隔两乡？

风云有鸟路，江汉限无梁。

常恐鹰隼击，时菊委严霜。

寄言蹑罗者，寥廓已高翔。

此时的谢朓庆幸自己全身远祸，有感于宦海沉浮，写了这首诗赠给西府的同僚，也表达了对荆州的留恋之情。

谢榛在《四溟诗话》中评此诗"突然而起，造语雄深，六朝亦不多见"。王船山对此诗极为推崇，他曾在《船山古诗评选》中说谢朓此诗发端语"寥天孤出，正复宛诣，岂不复绝千古，非但危唱雄声已也"。王船山最为激赏"驰晖不可接"一句，认为此句"得景逼真，千古遂不径人道，亦复无人知赏"。

建武二年（495）夏日，谢朓出任宣城太守，复选中书郎。他一边做官，一边写诗，追求一种"仕隐"的境界。在宣城任上，谢朓将他的诗歌创作推向了数量和艺术的高峰，因而又被后人称为"谢宣城"。谢朓任宣城太守时，于城关陵阳山顶建了一座居室，取名曰"高斋"。后来，在"高斋"旧址，宣城人新建一楼取名"北楼"，后人又称为"谢朓楼"。唐天宝末年，李白曾登此楼饯别族叔秘书省校书郎李云，吟道：

蓬莱文章建安骨，中间小谢又清发。

俱怀逸兴壮思飞，欲上青天揽明月。

谢朓的主要成就在于山水诗创作。谢朓以其清逸流丽、工细自然的诗笔，描写了以宣城为中心的皖南山水，比如这首《游东田》：

戚戚苦无悰，携手共行乐。

寻云陟累榭，随山望菌阁。

远树暧阡阡，生烟纷漠漠。

鱼戏新荷动，鸟散余花落。

不对芳春酒，还望青山郭。

　　此诗为谢朓游东田时所作，李善注说谢朓"有庄在钟山"。谢朓对谢
灵运以来的山水诗传统做了新的开拓和发展，为后来的唐诗奠定了基础。
在盛唐王维等人的五言诗出现之前，此类诗堪称诗坛上品，自然成为李白
追慕的典范。

第七章

如果诗人也发『朋友圈』

第七章

如果诗人也发"朋友圈"

唐代是中国古典诗歌艺术达到全盛的时期，同时也诞生了大量优秀且伟大的诗人。

唐诗大致可分两类，一种是古风，也叫古体诗，指模仿唐以前的传统诗体，无一定格律，字数有整齐的，也有不整齐的，主要分五言古体和七言古体两种；另一种是今体诗，即格律诗，在篇幅、用韵、平仄、对仗等方面都有严格的要求。

诗，可以言志。人，是一切社会关系的总和。通过大唐才子群像，可以看到那个时代的社会风尚。通过诗人们的"朋友圈"，可以一窥他们的的语言魅力和交游盛况。

● 李白一开口，就是半个盛唐

现代诗人余光中在其《寻李白》中如是说："七分酿成了月光，余下的三分啸成剑气，绣口一吐就半个盛唐。"

李白曾作《侠客行》，是一首古体五言诗，属于乐府《杂曲歌辞》。

赵客缦胡缨，吴钩霜雪明。

银鞍照白马，飒沓如流星。

十步杀一人，千里不留行。

事了拂衣去，深藏身与名。

闲过信陵饮，脱剑膝前横。

将炙啖朱亥，持觞劝侯嬴。

三杯吐然诺，五岳倒为轻。

眼花耳热后，意气素霓生。

救赵挥金槌，邯郸先震惊。

千秋二壮士，烜赫大梁城。

纵死侠骨香，不惭世上英。

谁能书阁下，白首太玄经。

试译：

战国时燕赵一带的侠客，头上系着胡缨，腰佩刀刃弯曲的宝刀。

骑着银鞍白马驰骋，就像天上的流星一样迅疾。

他们武艺盖世，十步之内可斩杀一人，行走千里的路途，无人可挡。

他们做成大事后拂袖而去，将功劳和名声隐藏起来。

想当年，朱亥、侯嬴与信陵君结交，膝前横剑，交相欢饮。

与朱亥、侯嬴一同大口吃肉，大碗饮酒。

几杯热酒下肚，便慷慨许诺，愿为知己效命，一诺重于泰山。

酒后眼花耳热，意气勃勃，感动苍天，天空呈现白虹。

朱亥为信陵君救赵，使赵都邯郸都为之震惊。

两位壮士的豪举，千秋传诵，仍然垂照大梁城。

他们纵然死去，侠骨犹香，不愧一世英豪的美名。

谁能像扬雄这样的儒生一般，在书阁里写《太玄经》到老呢？

陈寅恪先生认为，唐代游侠之风颇为盛行，不仅燕赵多游侠，关陇一带的风习也是"融胡汉为一体，文武不殊途"，这促成了年轻人喜剑术、尚任侠的风气。

李白少年时代，颇受关陇文化风习的影响，他自幼除了勤苦读书外，还"好剑术，遍干诸侯"。所以，李白本人也是一位剑客。

李白这首《侠客行》，抒发了他对侠客的倾慕之情，也表达了他对拯危济难、用世立功生活的向往。

前四句从侠客的装束、武器、坐骑描写侠客的外貌；第二个四句写侠客高超的武艺和淡泊名利的品格。

在渲染侠客面貌和精神后，"闲过"两句是承上启下的过渡，将侠客与战国时期信陵君联系起来。李白身为剑客，想结识像信陵君那样的明主以实现自己的政治抱负。

接下来李白写了两位壮士侯嬴、朱亥，表现出对他们的叹服。

李白不仅在热烈地颂唱侯赢和朱亥，同时也对曾在天禄阁做校刊工作只写了《太玄经》的扬雄辈表示蔑视。全诗把有志青年的豪情壮志描写得淋漓尽致。

● 恭维也可以很"高级"

古人云："交浅言深，君子所戒。"

所以，古代文人之间的恭维，大多采用含蓄婉转的方式。当然，如果是性情中人，面对至交，也会直抒胸臆。古代文人如果遇到一些开心的事，也会拿来调侃，让大家都开心一下，甚至会对一些公共议题发表自己的意见，表明自己的的立场。

这就很像今天我们社交媒体的"朋友圈"，有点赞之交，也有莫逆之交，也会对一些事情展开讨论。

唐代诗人孟浩然和李白，年龄相差十二岁，但他们的友谊却成了诗坛上的一段佳话。

这两位诗人相知相交，固然不乏饮酒唱和、携手悠游的乐趣，但是至为重要的则是在诗歌上互相欣赏，他们是心灵上的知音。

孟浩然曾隐居鹿门山，到了四十余岁仍客游京师，终因"朝里无人"，还归故园。

而李白竟也有类似的经历。他少年时隐居岷山，后又隐居徂徕山，再后来被唐玄宗召至京师，供奉翰林。终因小人谗毁，被赐金放还。

李白和孟浩然都笑傲王侯，蔑视权贵，邈然有超世之心，这便是两位成为知交的根本原因。

李白曾送给孟浩然一首诗,原文如下:

> 吾爱孟夫子,风流天下闻。
>
> 红颜弃轩冕,白首卧松云。
>
> 醉月频中圣,迷花不事君。
>
> 高山安可仰,徒此揖清芬。

李白居住在湖北安陆时,常往来于襄阳、汉阳一带。此间,他与孟浩然交往深厚。这首酬赠之作,当作于这一时期。这首诗描绘了孟浩然的儒雅形象,表达了李白对孟浩然的倾慕之情。

当然,李白对孟浩然的这种赞美,也有一种"借他人酒杯,浇自己块垒"的意味在里面。孟浩然不是神仙,他也要吃饭、求职。孟浩然曾经作过一首《望洞庭湖赠张丞相》的诗,诗中有这样几句:

> 欲济无舟楫,端居耻圣明。
>
> 坐观垂钓者,徒有羡鱼情。

这其实是一首干谒诗,但诗人为了保持身份,写得极委婉。孟浩然在中年以后,开始出山求职,可是屡战屡败。

诗中的张丞相就是中书令张九龄。孟浩然希望能得到张九龄的引荐和赏识。然而张九龄也没能帮他实现抱负,孟浩然最后仅仅在张九龄麾下做过一段时间幕僚。

开元十八年（730），阳春三月，李白得知孟浩然要去扬州，便托人带信，约孟浩然在武昌相见。他们在武昌见面后，玩了一个多月，还一起游览了黄鹤楼。

在孟浩然出发去扬州前，李白作诗为他送别，于是就留下了这首家喻户晓的《送孟浩然之广陵》：

故人西辞黄鹤楼，烟花三月下扬州。

孤帆远影碧空尽，唯见长江天际流。

村夫与诗仙的妙语唱和

天宝年间，李白旅居南陵叔父李阳冰家，忽然收到一信。信中说：

先生好游乎？此地有十里桃花。

先生好饮乎？此地有万家酒店。

写这封信的人名叫汪伦，宣州陈村人，是李白的一名崇拜者。

李白接信后，欣然来到陈村，找到汪伦。

汪伦早已备好自酿的美酒，并微笑着告诉他说："信里提到的'桃花'是我们这里潭水的名字，桃花潭方圆十里，并没有桃花。'万家'则是我们这酒店店主的姓名，并不是说有一万家酒店。"

李白听了，先是一愣，接着哈哈大笑说："你很聪明，交个朋友吧！"

接下来的数日，汪伦每天陪着李白游山玩水，喝酒赏月。

李白要离开的那天，汪伦为李白饯行，并赠送名马和绸缎，派仆人给他送到船上。

李白登上了停在桃花潭上的小船，船正要离岸，忽然听到一阵歌声。李白回头一看，只见汪伦和许多村民一起在岸上踏步唱歌为他送行。主人的深情厚谊，古朴的送客形式，使李白十分感动。他立即铺纸研墨，写了那首著名的送别诗——《赠汪伦》：

李白乘舟将欲行，忽闻岸上踏歌声。

桃花潭水深千尺，不及汪伦送我情。

明代唐汝询在《唐诗解》中说："伦，一村人耳，何亲于白？既酿酒以候之，复临行以祖（饯别）之，情固超俗矣。太白于景切情真处，信手拈出，所以调绝千古。"

● 为知己鸣不平

杜甫曾作"冠盖满京华，斯人独憔悴"一句，流传非常久远，这其实是他为神交已久的知己李白所发出的不平之鸣。

这句诗的来历，要从李白的经历说起。天宝元年（742），李白得到玉真公主的推荐到了长安。由于是妹妹的引介，唐玄宗对李白的才华很赏识，但只让他担任翰林供奉。

天宝三年（744）孟夏，杜甫与李白在东都洛阳邂逅。此时，李白因为刚正不阿，刚刚被玄宗"赐金还山"，从长安来到洛阳。

毕竟李白是翰林供奉，地位比起杜甫还是高了一截。

杜甫起身相迎，欲与李白结交，李白也很平易近人地与杜甫做了朋友。这时候的杜甫刚进入而立之年，具有代表性的诗歌作品尚未诞生。

在往后一年多的时间里，两人又有过两次聚首。一次同游王屋山访隐士华盖君，惜华盖君已仙逝。后又同游梁宋，遇到诗人高适。

天宝四年（745）秋天，李白和杜甫同游东蒙山，访道士董炼师和元逸人，又往兖州城北郊的范氏庄寻访隐士范十，李白写了《寻鲁城北范居士失道落苍耳中见范置酒摘苍耳作》，杜甫也写下《与李十二同寻范十隐居》。

之后，两人在兖州城东石门山分别，李白写《鲁郡东石门送杜二甫》以作纪念。自此一别，两人再未谋面。十八年后（762），李白死于安徽当涂县令李阳冰家中。

天宝六年（747），唐玄宗诏令天下"通一艺者"到长安应试。此次应试，因李林甫所谓"野无遗贤"，所有士子全部落选，杜甫也在其列。这次落选，对杜甫的打击几乎是致命的；恰在此时，其父又死在奉天县令任上，杜甫失去了生活来源。所以，这回应试落第，开启了杜甫的落魄人生。

此后七八年，杜甫流落长安。这期间，他作诗投赠达官贵人，恳求援引，或因功名心切、急于从政；或因生活无着、迫于无奈。

至德二载（757），李白因曾参与永王李璘的幕府受到牵连，下狱浔阳

（今江西九江）。乾元元年（758）初，李白又被定罪长流夜郎（今贵州桐梓）。乾元二年（759）二月，李白在三峡流放途中，遇赦放还，回到江陵。而杜甫在流寓秦州时想起李白。因为地方僻远，消息隔绝，只闻李白流放，不知已被赦还，其仍在为李白忧虑，因而思念成梦，醒而作《梦李白》两首，其二云：

> 浮云终日行，游子久不至。
>
> 三夜频梦君，情亲见君意。
>
> 告归常局促，苦道来不易。
>
> 江湖多风波，舟楫恐失坠。
>
> 出门搔白首，若负平生志。
>
> 冠盖满京华，斯人独憔悴。
>
> 孰云网恢恢，将老身反累。
>
> 千秋万岁名，寂寞身后事。

与李白、杜甫齐名的白居易，有一首《读李杜诗集因题卷后》的诗：

> 翰林江左日，员外剑南时。不得高官职，仍逢苦乱离。
>
> 暮年逋客恨，浮世谪仙悲。吟咏留千古，声名动四夷。
>
> 文场供秀句，乐府待新词。天意君须会，人间要好诗。

这首五言古诗，作于唐宪宗元和十年（815）六月，白居易被贬江州司马时。白居易说，李白曾供奉翰林院，但后来被放还，流落江南；而杜甫曾做工部员外郎，后来却漂泊西南。李白、杜甫二人虽然官职不高，却饱经乱离。杜甫晚年客死湖南耒阳（司马光《温公续诗话》），李白也悲惨地死于异乡安徽当涂。但李、杜诗存千古，名传四海。这首诗的最后，白居易说，老天的意图你应该明白，人间最需要的正是李白、杜甫他们那些动人的诗章。白居易对李、杜赞佩至极，并以之为楷模。

🔴 王维凭诗求仕

王维，字摩诘，号摩诘居士。王维出身太原王氏，颜值颇高且聪明过人，才华早显。十九岁中举，二十岁中状元。

王维这一名字的出处，和佛教典籍有关。维摩诘原是古印度的一位富翁，家财万贯，奴婢成群。但是，他勤于读书，虔诚修行，能够"处相而不住相，对境而不生境"，最终得圣果成就，被称为大菩萨。维摩诘也成为诗人王维心中的楷模。因为这个缘故，后世也称王维为"诗佛"。

王维多才多艺，诗、文、画、乐无一不精，俱可称为"大家"。自从陶渊明开创了山水田园诗后，唐宋期间便不断涌现专注描写山水诗的诗人，"诗佛"王维就是其中最为著名的一位。王维又善于书画，他将画与诗完美地结合到了一起，诞生了多首题画诗，比如《山居秋暝》：

空山新雨后，天气晚来秋。

明月松间照，清泉石上流。

竹喧归浣女，莲动下渔舟。

随意春芳歇，王孙自可留。

王维为人厚道，待朋友有如手足，对妻子一往情深，对同僚真诚宽厚。王维隐居终南山后，其作品多为用词平实、浅显易懂的山水诗，诗作意境幽美、静谧，其中不乏上品。

王维才华盖世，但如果没有交际和运作，他也不可能考中状元。

唐朝虽然开了科举，但门阀制度的余威尚在。唐代一般举子，在应举前需去投靠一位当朝权贵，获得他们的引荐，这样才有可能金榜题名。这在当时是一种普遍的做法，叫作"干谒"或"请谒"。

王维二十岁那年应举求仕，自然也少不了"请谒"某个大人物。而王维认为，走岐王李范的门路最靠谱，于是去求见了岐王，说明了自己的心意。

过了几天，王维去探问消息。岐王说："已经晚了，丞相张九龄的弟弟张如皋已经内定为状元了，因为他已经托人走了九公主的门路。九公主已授意考官，内定张九皋为第一名。"

王维听后大失所望，李范又说："不要着急，我已经有了主意，你只管照我说的去做。"

王维忙拜谢说："请岐王教我如何做。"

李范说："如今九公主权势极大，不可同她强争。你回去把往日得意的诗作选个十来首，诗要清丽淡雅的；再谱一支新的琵琶曲，要哀怨悲切的。过五天再来找我。"

王维遵照岐王的意见，回去做了准备。五日之后，王维又去求见岐王。李范看了看诗稿，却说："还需要你亲自把诗稿送给九公主。"

王维有些为难地说："我只是一介平民，要去谒见九公主，怎么进得了如此高贵的大门呢？"

于是，岐王让人拿出一身华美的锦袍，让王维穿上，然后叫他怀抱一支琵琶，扮作乐师，一同去了公主府。

在公主府，酒宴之间，岐王让人奏乐，就安排王维出场。当时王维正青春年少，"妙龄洁白，风姿郁美"，一出场就吸引住了九公主的目光。

九公主问岐王："那个穿锦袍的是什么人？"

岐王说："一位精通音律的乐师，叫王维。"

九公主要王维独奏。王维怀抱琵琶，舒手抚琴，弹奏他事前谱好的那支新曲。琴声清越，凄恻哀婉。一曲未竟，满座动容。

曲罢，九公主问："你弹的是什么曲子？"

王维起身回答道："这叫《郁轮袍》。"

九公主又问："是何人所作？"

王维答："是弟子最近谱写的。"

岐王乘势说："王维不仅精通音律，而且具有诗歌天赋，当今之世，没有几个人能超过他的。"

这就吊足了九公主的胃口，她向王维问道："你可有带自己的诗文吗？"

王维随即把袖里的作品呈给九公主，放在最上面让九公主先看的作品就是《李陵咏》：

汉家李将军，三代将门子。

结发有奇策，少年成壮士。

长驱塞上儿，深入单于垒。

旌旗列相向，箫鼓悲何已。

　　日暮沙漠陲，战声烟尘里。

　　将令骄虏灭，岂独名王侍。

　　既失大军援，遂婴穹庐耻。

　　少小蒙汉恩，何堪坐思此。

　　深衷欲有报，投躯未能死。

　　引领望子卿，非君谁相理。

　　这首诗写得苍劲古朴，雄浑顿挫，充满爱国之情，其实也是王维借古人表达报效国家的赤诚。九公主对此深表赞许，又接着往下翻，读到下一首，这一首是充满人情味的、写给兄弟的诗，他写道：

　　独在异乡为异客，每逢佳节倍思亲。

　　遥知兄弟登高处，遍插茱萸少一人。

　　九公主有些惊讶地说："这首《九月九日忆山东兄弟》我曾经读过，一直以为是前人的作品，没想到是你写的啊！"

　　王维毕恭毕敬地回答说："这首诗确实是我写的，让九公主见笑了。"

　　岐王说："这首《九月九日忆山东兄弟》是王维十七岁时写的。"

　　九公主很高兴，就邀请王维入座。李范看到时机成熟，就提到了王维准备应举的事情。

　　岐王说："王维说他若得不到首荐，绝不去应试。现在九妹已经许诺以张九皋为第一，他只好等来年了。"

　　九公主说："你有贤才，我自会大力推荐！"说罢，就遣官婢去传她的命令，召考官来府。

果然，这一年王维及第，考中了状元。

唐玄宗开元九年（721），王维出任太乐丞。后来，他历官右拾遗、监察御史、河西节度使判官。天宝年间，拜吏部郎中、给事中。上元元年（760），转尚书右丞，故世称"王右丞"。

● 以诗言志，关键时候可以保命

旧体诗的一个主要作用就是"以诗言志"。王维就曾凭借一首言志诗，让自己在涉嫌"失节"的情况下，躲过了一场灾祸。

唐玄宗天宝十四年（755），安禄山、史思明发动了中国历史上有名的"安史之乱"，这场动乱直到唐代宗宝应二年（763）才被平息。

动乱开始时，王维在长安任给事中，目睹了这一切他便逃出长安，准备追随唐玄宗西狩四川。然而，在半路被安史乱军俘虏，被押送回了洛阳。

此时的洛阳就像一座大型集中营，来不及逃走的官员、妃嫔、乐工等都被囚禁在这里。安禄山自称光烈皇帝，为了巩固政权，就坐镇洛阳，大封官爵，唐朝丞相李希烈等三百余人被授予伪职。

王维忠于唐朝，拒绝接受伪职，故意服了泻药，终日拉稀；又佯装哑巴，安禄山的人对他说什么，他都只是"啊，啊，啊"，让对方弄不清他到底是什么意思。安禄山虽然一再逼迫，但拿王维无可奈何，只得把他囚禁在菩提寺。

王维最终还是被迫接受了安禄山给的伪职，并未以死殉国。王维虽然吃泻药、装哑巴以逃避，仍免不了失节之嫌。

安禄山攻陷长安时，许多官员被迫接受伪职。长安收复后，唐肃宗李亨传旨，凡是当过安禄山伪官的人，一律处死。

王维当时和二百多名官员一起被关在长安城杨国忠的旧宅里，等待着命运的安排。

结果对王维的处分是，由原任正五品上的给事中，降职为正五品下的太子中允，官降一阶而已。

王维之所以能死里逃生，且能继续做官，是因为一首诗。这首诗的题目很长，叫作《菩提寺禁裴迪来相看说逆贼等凝碧池上作音乐供奉人等举声便一时泪下私成口号诵示裴迪》。诗云：

万户伤心生野烟，
百官何日更朝天？
秋槐叶落空宫里，
凝碧池头奏管弦。

原来，在雷海青被杀后，王维的好友裴迪曾经偷偷去菩提寺看望王维，把这件悲惨的事告诉了王维。王维听后，悲痛不已。

但那时王维的身份是个"哑巴"，叛军日夜监视着他，他不能说话，只能拿起一卷经书，愤然写下这首七绝诗。

这首言志诗又题作《凝碧池》，充溢着亡国的悲痛和思念朝廷之情。王维写这首诗，像发了个朋友圈，表明自己当时的立场和所处的环境。这也成了王维后来能够保官、保命的重要证据。

● 优雅地婉拒前任的复合请求

"还将旧时意，怜取眼前人"。是流传度颇高的描写爱情的绝句。这句诗的来历，与唐代诗人元稹有关。

元稹，字微之，北魏宗室鲜卑拓跋部后裔，北魏昭成帝拓跋什翼犍十四世孙。

贞元十九年（803），元稹中书判拔萃科第四等，并入秘书省任校书郎。大他八岁的白居易也同登书判拔萃科，从此二人成为至死不渝的好友。元稹在唐代文学史上与白居易齐名，同为"新乐府运动"的领导者、"元和体"的首倡者，世称"元白"。陈寅恪曾著有《元白诗笺证稿》一书，影响甚巨。唐宪宗元和年间，元稹和白居易二人倡导新乐府运动，其诗文被称为"元和体"。

一次，元稹出使东川，白居易与好友游慈恩寺，席间想念元稹，就写下了《同李十一醉忆元九》：

花时同醉破春愁，醉折花枝作酒筹。

忽忆故人天际去，计程今日到梁州。

此时，正在梁州的元稹也在思念白居易，他在同一天晚上写了一首《梁州梦》：

梦君同绕曲江头，也向慈恩院院游。

亭吏呼人排去马，忽惊身在古梁州。

元稹、白居易二人终其一生都是友情极其深厚的"文友诗敌"。白居易有诗写道："君写我诗盈寺壁，我题君句满屏风。与君相遇知何处，两叶浮萍大海中。"

从古人的笔记中可知，元稹的人品很不堪。元稹曾经写有传奇故事《会真记》，也就是《莺莺传》，叙述了张生与崔莺莺的悲剧爱情故事，文笔优美，刻画细致，为唐人传奇中之名篇。

《会真记》中的杨巨源和李绅等人都是当时比较著名的诗人，唯独张生查无此人，当时也无如此才情的诗人。由于元稹的母亲也姓郑，因此，后人推测，张生的原型就是元稹。

《会真记》写道：有一次张生前去蒲州（今山西永济市）游玩，寄居在普救寺，崔氏孀妇暂时也居住在此。崔氏妇姓郑，和张生母亲郑氏是同族堂姊妹，因而张生对崔氏以姨母相称。当时驻军名将浑瑊去世，部下有的趁丧骚扰地方。张生和当地驻军首领认识，于是派兵保护崔氏。崔氏感激不尽，全家拜谢，由此张生认识了崔氏女崔莺莺。

崔莺莺当时年十七，"颜色艳异，光辉动人"，张生也是少年有成，风华正茂。于是在张生的卖弄才情下，二人随之有了私情。

在唐代虽然婚姻观念比较自由，但是私订终身却为律例所不容。张生出身中小地主，门第不高，只有入仕以后，才有结婚高门的资本。他在任校书郎后不久便娶韦夏卿之女韦丛为妻。而崔莺莺也看穿了张生的真面目，指出其"始乱之，终弃之，固其宜矣，愚不敢恨"。

因而，崔莺莺与张生决绝，嫁与他人。然而张生不死心，在和韦丛结婚后，有一次经过崔莺莺夫家，以姨表兄弟名义前去拜见，结果被崔莺莺拒绝，"夫语之，而崔终不为出"。张生又写信求见，结果崔莺莺以《告绝诗》回复：

> 弃置今何道，当时且自亲。
>
> 还将旧时意，怜取眼前人。

然而，这终究只是传奇故事，虚实参半，不足为信。张生究竟是不是元稹，也无法确证。

元稹的原配妻子死后，他写了《离思》组诗，其中有这样的句子：

> 曾经沧桑难为水，除却巫山不是云。
>
> 取次花丛懒回顾，半缘修道半缘君。

除此之外，元稹还和著名女伎诗人薛涛有过交往。薛涛作为营伎，当时与她来往密切的人很多，元稹、白居易、杜牧、刘禹锡等人与她竞相酬唱，她被称为"文妖"。但薛涛终究是风尘女子，元稹身为朝廷官员，不可能娶她。在二人交往的第二年，元稹纳妾安氏，并于元和十一年（816）在通州司马任上续弦福州观察使裴公义之女裴淑。

● 佳句酬知己

通过诗歌表达欣赏，互相鼓励，是中国传统文人之间的一种交流方式。杜牧和张祜之间以诗句互相酬答，被传为美谈。

杜牧，唐京兆万年（今陕西省西安市）人，字牧之。杜佑之孙。杜牧在家族中排行十三，因此根据唐人的习惯，他被称为"杜十三"。

杜牧还是唐代文学家、大和进士。杜牧政治才华出众。他在读书之余，关心军事，后来专门研究过孙武，写过十三篇《孙子兵法》注解，也写过许多策论。有一次他献计平虏，被宰相李德裕采用，大获全胜。

学者林建略认为杜牧的诗歌大致可分为两大类：一是豪迈的，"或为遣愁，或为吊古，或为感怀之作，多是用一种拗峭的笔调写成，立意奇特"；一是香艳的，"大半是用一种清新的笔调来轻描淡写的，所以便不至满纸都脂粉气了"。比如杜牧的这首《遣怀》，就属于后者。

落魄江湖载酒行，楚腰纤细掌中轻。

十年一觉扬州梦，赢得青楼薄幸名。

试译：

当年我漂泊江湖，纵酒而行，流连于楚地美女的体态轻盈。

在扬州放浪形骸的十年，就好像一场梦，到头来只在娼楼妓馆留下个众口皆佳的名声。

杜牧的诗风，与另一位唐代诗人张祜颇有相通之处。两人虽然都满腹才华，命运却大不相同。

张祜，唐代清河人。他为人清高，自称为处士。因家世显赫，被人称作张公子，有"海内名士"之誉，早年曾寓居姑苏。

张祜有诗才，他的契交都是当时的杰出人物，然而他却不习科举文章。据说，张祜曾去拜见淮南节度使李绅，张祜自称为"钓鳌客"。李绅觉得奇怪，就问："你钓鳌用什么做鱼竿？"张祜说："用彩虹。"李绅又问："用什么做鱼钩？"张祜回答说："用新月。"李绅再问："用什么做鱼饵？"张祜回答说："用李相公您做鱼饵。"李绅觉得张祜说话气势雄壮，就赠给他很多礼物。张祜的这首《京城寓怀》颇有这种气象。

　　三十年持一钓竿，偶随书荐入长安。

　　由来不是求名者，唯待春风看牡丹。

诗言志，无论直抒胸臆，还是通过象征手法来表现自己的心曲，都应该遵循诗歌创作的基本原则，寓志于形象之中。这是一首抒怀诗，隐含着一种怀才不遇的愤懑之情。

张祜的一生，曾以多种角色出现在历史画卷中，或狂士、或浪子、或幕僚、或游客、或隐者。张祜壮年的时候，曾经路过广陵，写诗《纵游淮南》道：

　　十里长街市井连，月明桥上看神仙。

　　人生只合扬州死，禅智山光好墓田。

近代学者俞陛云在《诗境浅说》中说张祜"独爱'禅智山光',至欲为百岁魂游之地,亦人各有好也"。果然,张祜在六十五岁的时候,死在了丹阳隐居之地,可谓一语成谶。

在元和至长庆年间,张祜曾受到官员兼文学家令狐楚的赏识,他亲自起草奏章向皇帝推荐张祜。

张祜到京城,正值元稹在朝廷做丞相。皇帝召来元稹,问张祜的诗写得如何。元稹说:"张祜的诗乃雕虫小技,大丈夫不会像他那样写。若奖赏他太过分,恐怕会影响陛下的风俗教化。"皇帝听了认为有道理。就这样,张祜只能满怀失落地回到故乡。他的《书愤》抒发了胸中不平之气。

三十未封侯,颠狂遍九州。

平生镆铘剑,不报小人雠。

元稹看不上张祜,但是杜牧却很欣赏他。张祜在寓居淮南期间,所作的《宫词》中有这样的诗句:

故国三千里,深宫二十年。

一声《何满子》,双泪落君前。

杜牧与张祜为诗友,因为酷爱张祜这首《宫词》,曾经特意写《酬张祜处士见寄长句四韵》一诗云:

七子论诗谁似公,曹刘须在指挥中。

荐衡昔日知文举，乞火无人作蒯通。

北极楼台长挂梦，西江波浪远吞空，

可怜故国三千里，虚唱歌词满六宫。

杜牧在池州做刺史的时候，还作过一首《登池州九峰楼寄张祜》来酬谢好友。诗云：

百感中来不自由，角声孤起夕阳楼。

碧山终日思无尽，芳草何年恨即休。

睫在眼前长不见，道非身外更何求。

谁人得似张公子，千首诗轻万户侯。

张祜一生仕途不顺，但其才华有了杜牧这个知己的欣赏与鼓励，愤懑之余，应该也因此多了几分快慰。

● 诗人也玩谐音梗

温庭筠，本名岐，字飞卿，太原祁县（今山西祁县东南）人。温庭筠出身于没落的贵族之家，为唐初宰相温彦博的后裔。温庭筠少负才华，文思敏捷，每入试，押官韵，八叉手而成八韵，故有"温八叉"或"温八吟"之称。他恃才傲物，又常讽刺权贵，多犯忌讳，因此屡试不第，一生坎坷潦倒。

温庭筠寄迹江湖，纵情诗酒，长期出入秦楼楚馆，"能逐弦吹之音，为侧艳之词"。温庭筠把词同南朝宫体与北里倡风结合起来，吸收了中晚唐绮艳诗歌的艺术经验与词语意象，适歌应俗，奠定了文人词的主导风格，成为花间派的鼻祖。这首《杨柳枝》被温庭筠收录在《花间集》中，列于首位。

> 井底点灯深烛伊，共郎长行莫围棋。
>
> 玲珑骰子安红豆，入骨相思知不知？

"长行"是古代的一种博弈游戏，盛行于唐朝。作者用"长行"这种博戏的名称来双关"长途旅行"，又用"围棋"来双关"违期"，叮嘱"郎"不要误了归期。

玲珑骰子为骨制，其上的数字"一点"，代表寓意相思的红豆。以"骰子安红豆"来比喻入骨相思，纯用寻常事物做比喻，设想非常机巧，可谓别开生面。这种双关修辞手法，用得巧妙，别有情致，但寓意深刻。

晚唐著名诗人李商隐与温庭筠齐名。李商隐，字义山，号玉谿生，又号樊南生、樊南子。他祖籍怀州河内（今河南省沁阳市），祖辈迁至荥阳（今河南省郑州）。李商隐擅长骈文写作，诗作文学价值也很高，他和杜牧合称"小李杜"，与温庭筠合称"温李"。李商隐的这首《无题》是一首感情深挚、缠绵委婉、咏叹忠贞爱情的诗篇。

> 相见时难别亦难，东风无力百花残。
>
> 春蚕到死丝方尽，蜡炬成灰泪始干。

晓镜但愁云鬓改，夜吟应觉月光寒。

蓬山此去无多路，青鸟殷勤为探看。

这首诗，以女性的口吻抒写爱情心理，诗人情真意切而又含蓄蕴藉地写出了浓郁的离别之恨和缠绵的相思之苦。

"春蚕到死丝方尽，蜡炬成灰泪始干"一句中，"丝"和"思"谐音双关，体现了爱情的坚贞，意境新奇，已成千古传诵的名句。

以"谐音双关"出名的，还有刘禹锡的《竹枝词》：

杨柳青青江水平，闻郎江上唱歌声。

东边日出西边雨，道是无晴却有晴。

这首《竹枝词》是刘禹锡被贬谪夔州时所写，末句的"晴"谐"情"，通俗易懂，便于口头传唱。

如何讽刺假冒名人后裔者

自魏晋以门第取士，寒门不出贵子。而士大夫又以群望自恃，这就是门阀之见。于是在姓氏上出现了攀龙附凤，冒姓和改姓之风流行，人们借以抬高身份显耀门庭。

最典型的就是胡姓改令狐姓。令狐氏是唐朝的功臣之家，有位令狐楚入相，于是令狐成为当时天下之望族。于是就出现了攀龙附凤者，将自己的姓改为令狐，而有姓胡姓者竟也改为狐，并附上令字和令狐氏攀亲结缘。

诗人温庭筠性喜讥刺权贵，尝作诗云：

自从元老登庸后，天下诸胡尽带令。

这句诗载于清人所著《玉掌荟记》中，是否为温庭筠所作，有待考证。但这句诗生动反映了当时胡改他姓的乱象。令狐楚入相不过十年，而有人为此改姓，足见当年冒姓泛滥。

这种冒认祖宗的现象，千古以来，屡见不鲜了。

宋代诗人林逋，字君复，号和靖，也称和靖先生。他一生清贫，性格恬淡，无意仕途。他年轻的时候游历江淮一带，四十岁的时候隐居孤山后，二十多年间从不涉足城里。他在山上盖了几间房舍，种了一大片的梅花，养了两只仙鹤，不仕不娶，这一住就是二十年，自诩"以梅为妻，以鹤为子"。他一生写过很多诗句，其中以"疏影横斜水清浅，暗香浮动月黄昏"一句流传最广，自古以来就受到人们的喜爱。"梅妻鹤子"就是关于他的典故。

明代，有一个姓林的年轻人坚称自己是林逋的十世孙。他曾按照年代推算，恰好其原籍也是杭州，便认为自己是林逋的十世孙无疑。为了证实自己的考证，他找到当地一位姓陈的名士，说自己深得先人林逋真传，诗文如何清雅高逸。这位姓陈的名士一听，知道他是一派胡言，也没有揭穿他。姓陈的名士只是从书架上找出林逋的传记，让这位林姓人脸色由白变红，但林姓人根本不相信林逋无后的记载。姓陈的名士知道自己不能说服

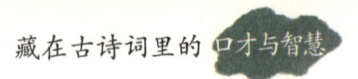

这位鬼迷心窍的年轻人，只好拿笔写了一首诗送他：

和靖当年不娶妻，如何后代有孙儿？

想君自是闲花草，不是孤山梅树枝。

虽然只是一个传说，但这首诗写得极好，巧妙又辛辣，说如果阁下是林逋十世孙，那也只能是个闲花草，不是正宗的孤山梅枝。这说话技巧简直太高妙，就是所谓的骂人不带脏字，无不透露出作者的智慧。

第八章

『别是一家』长短句

第八章

"别是一家"长短句

在唐代中期，由诗派生出一种新的文学体裁，这就是词，又叫长短句。词的艺术成就到宋代发展得最为鼎盛。

宋代的文人另辟蹊径，使得宋词走上了与唐诗比肩的另一高峰。宋词不同于宋诗的议论化、散文化和重理趣，而是善于将写景与抒情完美结合，艺术手法多样，论调个性，风格多样。

🔴 苏家与王安石是如何结怨的

被认为是北宋词坛第一人的苏轼，字子瞻，别号东坡，诗、文、书、画无一不精；而王安石的才华也不遑多让，其被称为"中国十一世纪的改革家"（列宁语）。两人同列"唐宋八大家"之中，王安石年长苏轼十六岁，成名也比苏轼早。

苏轼和王安石都是中国文学史上的才子，然而，两个人一生中大部分

时间却是在"文斗"。元代无名氏的散曲《王安石谗课满庭词》中，用演义的形式，描述了苏、王二人是怎么结下私怨的。

苏轼官拜端明殿大学士，王安石在府宅安排夜宴，为苏轼庆贺升迁，席间请了秦少游、贺方回作陪。王安石道："筵前无乐，不成欢笑。小官有家乐教人，着筵前吹弹歌舞为乐。"十几名侍女隔着帘子演奏起来。王安石的夫人久闻苏轼有冠世之才，便混在侍女之中。

苏轼开怀畅饮，不觉有些酒醉，再看那些侍女，一个个美若天仙，不由得心中高兴，故意开玩笑道："小娘子金钗掉了！"王安石夫人以为说的是自己，急忙伸手往头上去摸，逗得众人笑个不止。接着，苏轼又乘兴写下《满庭芳》一首：

香煖雕盘，寒生冰箸，画堂别是风光。主人情重，开宴出红妆。腻玉圆搓素颈，藕丝嫩、新织仙裳。双歌罢、虚檐转月，余韵尚悠扬。

人间，何处有，司空见惯，应谓寻常。坐中有狂客，恼乱愁肠，报道金钗坠也，十指露、春笋纤长。亲曾见、全胜宋玉，想像赋《高唐》。

苏轼离开宴席后，王安石十分气愤，心想："这姓苏的怎能如此无礼！我设家宴款待他，他却淫词戏弄！我绝不能跟他善罢甘休！"

当然，以上只是"小说家言"，姑妄听之。其实，苏、王结怨的真实情况更为复杂。

王安石少年成名，他"未贵时，名震京师，性不好华腴，自奉至俭，或衣垢不浣，面垢不洗，世多称其贤"。

在唐宋八大家中，王安石扬名天下的时间仅次于欧阳修。

王安石年纪比苏洵稍小，出名也比苏洵早。

宋仁宗庆历二年（1042），王安石首次参加了科举考试，并且取得了第四名的好成绩。

苏轼也并非传说中的榜眼，而此时的苏洵还在家里读书备考。

嘉祐元年（1056），欧阳修宴请天下名士，王安石和苏洵也位列其中，两人相对而坐，这是苏洵与王安石的第一次会面。这次的会面彼此之间都留下了非常糟糕的印象。

当欧阳修向王安石敬酒时，王安石表示自己滴酒不沾，这让苏洵觉得王安石不近人情。宴席结束后，苏洵对欧阳修说："自古以来，不近人情者只会酿成大错，王安石必定是这样的人，你离他远点吧！"这段话后来传到了王安石那里，王安石从此与苏家结怨。

嘉祐二年（1057），苏洵带着苏轼、苏辙参加进士考试，结果一出，苏轼与苏辙同榜进士及第。嘉祐六年（1061），苏轼、苏辙参加了考试难度更大的制科考试，结果苏轼位中第三列三等，苏辙专入第四等，在当时都是极高的荣誉。

获得如此好的考试成绩，朝廷自然要为两人授予官职。当时，王安石担任负责起草任免官员诏书的职位。对于苏轼，王安石并没有意见。但王安石很不看好苏辙，最后，苏辙的任命诏书还是皇帝另外委派他人所书写。

这件事一出，王安石和苏家的私怨更进一步深化。两年后，王安石母亲病逝，当时不少文人和官员都前往吊唁，在这悲伤的时刻，苏洵却写了一篇《辨奸论》，痛骂王安石是乱臣贼子。苏洵的这一举动，又强化了王安石对其厌恶的程度。

苏轼经历的生况、死况、别离况

在北宋中叶，朝廷已经出现了国防和财政的双重危机，也就是说，北宋"积贫积弱"的问题已经暴露，神宗皇帝志在改革。

熙宁二年（1069），王安石主政，开始"变法"。王安石冒天下之大不韪，在北宋的地盘上变法，触及了官僚集团的既得利益，阻力很大。应该说，皇帝和王安石都是高瞻远瞩的。王安石的一首《登飞来峰》，被后世的政治家反复引用。

> 飞来山上千寻塔，闻说鸡鸣见日升。
>
> 不畏浮云遮望眼，自缘身在最高层。

然而，苏轼只看到了新法在执行过程中的诸多流弊，就开始大唱反调，四次上疏痛骂王安石，骂王安石离经叛道、志大言浮。王安石也回敬说："轼才亦高，但所学不正。"也不能因此就断言苏轼的行为是出于私心，因为王安石变法失败后，保守派司马光接盘，但苏轼也上书反对司马光的政策。

当时由王安石执行的变法，其实是皇帝亲自部署的既定国策，反对变法就是反对神宗。

熙宁六年（1073），大臣沈括看到苏轼的诗稿，认为其涉嫌诽谤朝政。

沈括将苏轼诗稿上呈神宗，但是他的意见并未受到重视。

元丰二年（1079）七月，御史台官员李定、何正臣等上表弹劾苏轼，奏苏轼谢恩的上表中，用语对朝政暗藏讥讽。

这事可大可小，于是好事者顺藤摸瓜，又翻出大量苏轼旧日诗文作为佐证。这案件先由监察御史告发，后在御史台狱受审。由于御史台中有柏树，野乌鸦数千栖居其上，故称御史台为"乌台"，亦称"柏台"。苏轼就因为几篇诗文被下了大狱，因"诗"成案，"乌台诗案"由此得名。

这时，王珪、赵挺之、王定、李格非、沈括等人趁机举报苏轼，神宗皇帝命令御史台严加审查，一定要查出所有人。到元丰二年九月，御史台已抄获苏轼寄赠他人的大量诗词。其中有一百多首在审问时被呈阅，导致三十九人受到牵连，其中官位较高的是司马光。

苏轼在等待最后判决时，其子苏迈每天去监狱给他送饭。由于父子不能见面，所以两人早在暗中约好，平时只送蔬菜和肉食，如有死刑判决的坏消息，就改送鱼，以便苏轼可以早做准备。一日，苏迈因银钱用尽，需出京去借，便将为苏轼送饭一事委托远亲代劳，却忘记告诉远亲暗中约定之事。偏巧那个远亲在送饭时，给苏轼送去了一条熏鱼。苏轼一见大惊，以为自己凶多吉少，便以极度悲伤之心，为弟苏辙写下两首诀别诗。其一为：

圣主如天万物春，小臣愚暗自亡身。

百年未满先偿债，十口无归更累人。

是处青山可埋骨，他年夜雨独伤神。

与君世世为兄弟，更结来生未了因。

其二为：

> 柏台霜气夜凄凄，风动琅珰月向低。
>
> 梦绕云山心似鹿，魂飞汤火命如鸡。
>
> 眼中犀角真吾子，身后牛衣愧老妻。
>
> 百岁神游定何处？桐乡知葬浙江西。

这两首诗原题又叫作《予以事系御史台狱，狱吏稍见侵，自度不能堪，死狱中，不得一别子由，故和二诗授狱卒梁成，以遗子由二首》，苏轼在这题目中交待了写作此诗的境地与心情。当时，被迫辞官归家的王安石听闻此事，挺身而出，上书神宗，为苏轼做了辩解，说："安有圣世而杀才士乎？"可见，王安石的格局还是比较大的。苏轼在被关押了四个多月后出狱了。这件事令苏轼感慨万千，没想到，最后救了自己的人竟然是自家的宿敌。

● 苏东坡与佛印禅师的幽默唱和

在许多人的帮助下，苏轼终于走出大狱，被神宗皇帝贬到了黄州，担任一个小小的团练副使。

苏轼带着书童，在解差监押下朝黄州进发。"飞雪迷了前路，彤云蔽了日头；寒风冷飕飕，瘦马载离愁；恰正是官身不自由"。（《元曲故事大全》）

苏轼经过一个多月的长途跋涉，终于来到了黄州。在这里，苏轼留下了许多传说。

苏轼到黄州后，生活艰难，数次拜谒黄州刺史。可那刺史每次都以身体困倦为由，命差役在衙前挡驾，不予接见。

元丰五年（1082）七月，黄庭坚和佛印禅师邀请苏轼一起泛舟赤壁。

苏轼经过"乌台诗案"这一打击后，对于人生有了新的认识。他把酒高歌，慨然提笔写下了这篇惊世之作——《赤壁赋》。

壬戌之秋，七月既望，苏子与客泛舟游于赤壁之下。清风徐来，水波不兴。举酒属客，诵明月之诗，歌窈窕之章。少焉，月出于东山之上，徘徊于斗牛之间。白露横江，水光接天。纵一苇之所如，凌万顷之茫然。浩浩乎如冯虚御风，而不知其所止；飘飘乎如遗世独立，羽化而登仙。

于是饮酒乐甚，扣舷而歌之。歌曰："桂棹兮兰桨，击空明兮溯流光。渺渺兮予怀，望美人兮天一方。"客有吹洞箫者，倚歌而和之。其声呜呜然，如怨如慕，如泣如诉，余音袅袅，不绝如缕。舞幽壑之潜蛟，泣孤舟之嫠妇。

苏子愀然，正襟危坐而问客曰："何为其然也？"客曰："'月明星稀，乌鹊南飞'，此非曹孟德之诗乎？西望夏口，东望武昌，山川相缪，郁乎苍苍，此非孟德之困于周郎者乎？方其破荆州，下江陵，顺流而东也，舳舻千里，旌旗蔽空，酾酒临江，横槊赋诗，固一世之雄也，而今安在哉？况吾与子渔樵于江渚之上，侣鱼虾而友麋鹿，驾一叶之扁舟，举匏樽以相属。寄蜉蝣于天地，渺沧海之一粟。哀吾生之须臾，羡长江之无穷。挟飞仙以遨游，抱明月而长终。知不可乎骤得，托遗响于悲风。"

苏子曰："客亦知夫水与月乎？逝者如斯，而未尝往也；盈虚者如彼，而卒莫消长也。盖将自其变者而观之，则天地曾不能以一瞬；自其不变者而观之，则物与我皆无尽也，而又何羡乎！且夫天地之间，物各有主，苟非吾之所有，虽一毫而莫取。惟江上之清风，与山间之明月，耳得之而为声，目遇之而成色，取之无禁，用之不竭，是造物者之无尽藏也，而吾与子之所共适。"

客喜而笑，洗盏更酌。肴核既尽，杯盘狼籍。相与枕藉乎舟中，不知东方之既白。

试译：

元丰五年的秋天，七月十六日，苏轼与友人泛舟在赤壁山下。清风徐徐吹来，水面波澜不起。举起酒杯向同伴敬酒，吟诵《诗经·陈风·月出》一诗，歌颂"窈窕"古篇。不一会儿，明月从东山后缓缓升起，徘徊在斗宿与牛宿之间。白茫茫的雾气横贯江面，清泠的水光连着天际。任凭小船在茫无边际的江上漂荡，越过苍茫万顷的江面。就如同凭空乘风，不知道要停留在哪里，飘飘然如遗弃尘世，超然独立，成为神仙，进入仙境。

这时候酒兴渐起，用手叩击着船舷，歌中唱道："桂木船棹啊兰木船桨，迎击空明的水波，我的心怀悠远，思念的美人在天涯那方。"有会吹洞箫的客人，按着节奏为歌声伴和，洞箫声呜咽，有如哀怨，有如思慕，像是哭泣，又像是倾诉，尾声凄切、婉转、悠长，如同不断的细丝。能使深渊中的蛟龙为之起舞，能使孤舟上的寡妇听了落泪。苏轼的容色忧愁凄怆，整好衣襟端坐问道："箫声为什么如此哀怨呢？"客人回答："'月明星稀，乌鹊南飞'，这不是曹公孟德的诗吗？向西可以望到夏口，向东可以望到武昌，山河接壤，连绵不绝，一片苍翠，这不正是曹孟德被周瑜所围困的地方吗？当初他攻陷荆州，夺得江陵，沿长江顺流东下，麾下的战船延绵千里，旌旗将天空都遮蔽，在江边持酒而饮，横执矛槊，吟诗作赋，委实是当世的一代枭雄，而今天又在哪里呢？何况我与你在江边的水渚上捕鱼砍柴，与鱼虾做伴，与麋鹿为友，（我们）驾着一叶小舟，举起杯盏相互敬酒。如同蜉蝣置身于广阔的天地中，像沧海中的一颗粟米那样微小。哀叹我们的一生只是短暂的片刻，羡慕那长江没有穷尽。与仙人携手遨游各地，与明月相拥而永存世间。知道愿望不会立即实现，寄托在悲凉的秋风中罢了。"

苏轼问道："你可知道这江水明月蕴含的道理？不断流逝的就像这江水，其实并没有真正逝去；时圆时缺的就像这明月，其实也没有增加或减少。可见，从事物易变的一面来看，天地间万事万物没有一瞬间不发生变化；而从事物不变的一面来看，万事万物与我们自己的生命同样无穷无尽，又有什么可羡慕的呢？何况天地之间，凡物各有自己的归属，若不是自己应该拥有的，即使一分一毫也不该求取。只有江上的清风，以及山间的明月，送到耳边便听到声音，进入眼帘便成美景，得到这些不会有人禁止，享用这些也不会有竭尽的时候。这是大自然赐予的无穷尽的大宝藏，你我尽可以一起享用。"

客人听完高兴地笑了，清洗杯盏，重新斟酒。菜肴和果品都被吃完，只剩下桌上的杯碟一片凌乱。大家在船里互相枕着垫着睡去，不知不觉天边已经露出曙光。

还有一次，苏轼和佛印乘舟吟诗。苏轼看到有只狗在江边啃骨头，就想要捉弄一下佛印。苏轼拿着扇子指向狗的方向，佛印一看就知道苏轼又想捉弄他，于是就把苏轼送给他的题诗扇子丢进河里，苏轼看到后就明白是什么意思，脸色都变了。为什么会这样呢？苏轼让佛印看那条狗的意思就是：狗啃河上骨（"河上"意为"和尚"）。而佛印将扇子丢进水里的意思就是：水流东坡诗（苏轼又名苏东坡，"诗"可意为"尸"）。两人互相调侃，极尽语言之妙，处处都是说话的艺术。

🔴 人相、我相、众生相

元代吴昌龄创作的戏曲故事《东坡梦》，就是以苏轼被贬黄州的经历为背景的。其中说苏轼被贬谪黄州后，因缘巧合欲用计迫使佛印还俗共赴宦场，为天下苍生分忧，却反遭佛印计设，于梦中与花间四友欢情一场，而梦醒时分方觉南柯一梦，后觉红尘俗事、功名利禄、风花雪月乃是一场空。

佛印最后唱道："从今后识破了人相、我相、众生相，生况、死况、别离况。永谢繁华，甘守凄凉，唱道是即色即空，无遮无障。笑杀东坡也忏悔春心荡，枉自有盖世文章，还向我佛印禅师听一会讲。"

这些句子，至今仍滋养着现代汉语。比如，电视剧《天龙八部》主题曲《难念的经》中的一些歌词意境，就是脱胎于此。如下面的句子：

笑你我枉花光心计，爱竞逐镜花那美丽。

怕幸运会转眼远逝，为贪嗔喜恶怒着迷。

责你我太贪功恋势，怪大地众生太美丽。

悔旧日太执信约誓，为悲欢哀怨妒着迷。

啊，舍不得璀灿俗世；啊，躲不开痴恋的欣慰。

啊，找不到色相代替；啊，猜一生猜不透这条难题。

有一次，苏轼觉得自己修持有道，便写了一首诗让书童送给佛印看看，诗里写道：

稽首天中天，毫光照大千。

八风吹不动，端坐紫金莲。

"八风"是佛经中的术语，指讥、称、毁、誉、利、衰、苦、乐八种能影响人的情绪。它们作为人们的生活境遇，像风一样随时能够吹动人的身心，故称"八风"。

佛印看到后就在上边批了"放屁"两个字，让书童带回去给苏轼看，苏轼看到后蹿起无名之火，乘船过江找佛印理论。谁知佛印早就在岸边等待苏轼。

苏轼下船后生气地说道："我们认识这么久，我写的诗，你不赞赏就算了，怎么还骂人呢？"

佛印好像没事似的说道："我骂你什么了？"

苏轼把诗上批的字拿给佛印看，佛印笑着说："八风吹不动，一屁打过江。"苏轼听后恍然大悟。

元丰五年（1082），也就是苏轼被贬谪黄州后的第三年，他写下了那首著名的《定风波》。前有小序写道："三月七日，沙湖道中遇雨。雨具先去，同行皆狼狈，余独不觉。已而遂晴，故作此词。"然后是正文：

莫听穿林打叶声，何妨吟啸且徐行。竹杖芒鞋轻胜马，谁怕？一蓑烟雨任平生。

料峭春风吹酒醒，微冷，山头斜照却相迎。回首向来萧瑟处，归去，也无风雨也无晴。

这首词虽然表面上不过写一次遇雨的经历，实则是写作者的人生遭际。苏轼在词中表明了自己的人生态度，展露了胸襟气魄，以一种禅宗式的顿悟阐释着人生，达到了不以物喜、不以己悲的超然之境。

苏轼与政敌王安石解开心结

王安石晚年赋闲在家，而苏轼又从黄州被贬到汝州。苏轼听闻王安石正在自己去汝州的必经之路金陵，于是写信给王安石，表示想去金陵探望他。王安石接到信非常高兴，早早地在江边等候苏轼。

苏轼见到风烛残年的王安石，内心五味杂陈，作揖道："轼今日敢以野服见大丞相。"王安石笑着说："礼岂为我辈设哉？"说罢，王安石拉着苏轼的手回到家中。王安石竟邀东坡在金陵结邻而居，其进退之美德高行，从容不迫，由此可见一斑。后来，王安石送别苏轼，感叹道："不知更几百年，方有如此人物。"这件事被后人称为"金陵之会"，传为美谈。

两年后，也就是元祐元年（1086），宋哲宗即位，司马光当政，新法尽除，王安石忧愤抱疾而终。

哲宗皇帝想起苏轼之事，命使臣把他召回京城。苏轼接诏回朝，任中书舍人。

苏轼奉旨为追赠太傅的王安石起草诰命，写了《王安石赠太傅》一文，称王安石"名高一时，学贯千载；智足以达其道，辩足以行其言；瑰玮之文，足以藻饰万物；卓绝之行，足以风动四方。用能于期岁之间，靡然变天下之俗"。

这篇文章虽然是苏轼替皇帝代笔，却高度公允地评价了王安石的一生。言辞恳切信雅，虽然评价的是卓然而立的王安石，但苏轼雍容大度的笔触，前嫌尽弃的风度，是真正知人论世的政治家叙评文风的表率。

● "别是一家"的词坛女将

李清照，号易安居士，宋齐州章丘（今山东省济南市章丘西北）人。她是北宋词坛婉约派代表人物，有"千古第一才女"之称。

李清照出生于书香之家，早年生活优裕，其父李格非藏书甚富。她小时候就在良好的家庭环境中打下了坚实的文学基础，出嫁后与丈夫赵明诚共同致力于金石书画的搜集整理。李清照所作词，前期多写其悠闲生活。这首《如梦令》，就是李清照这一时期的代表作。

昨夜雨疏风骤，浓睡不消残酒。试问卷帘人，却道海棠依旧。知否，知否？应是绿肥红瘦。

试译：

昨夜雨点虽然稀疏，但是风却刮个不停。我酣睡一夜，醒来之后依然觉得有酒意没有消尽。于是就问正在卷帘的侍女，外面的情况如何。她说海棠依然和昨天一样。你可知道，你可知道，这个时节应该是绿叶繁茂，红花凋零了。

金兵占据中原后，李清照经历国破、家亡、夫死，伤于人事。李清照从山东济南流离至南方，境遇孤苦。这时期她的作品再没有早年那种清新可人，浅斟低唱，而是多悲叹身世，情调感伤。这首《声声慢》就是这一时期的代表作。

寻寻觅觅，冷冷清清，凄凄惨惨戚戚。乍暖还寒时候，最难将息。三杯两盏淡酒，怎敌他、晚来风急？雁过也，正伤心，却是旧时相识。

满地黄花堆积，憔悴损，如今有谁堪摘？守着窗儿，独自怎生得黑！梧桐更兼细雨，到黄昏、点点滴滴。这次第，怎一个愁字了得！

试译：

不知在寻觅什么，四周冷冷清清，境光悲惨凄凉好心伤。忽暖忽凉的时节，最难休养身子。饮三杯两盏淡酒，怎能抵御傍晚时猛烈的西风？向南飞的大雁经过，正使我伤心，原来都是我的旧日朋友。

菊花委地尽枯黄，我忧伤憔悴无心赏花，如今花儿将败还有什么可以采摘？守着窗前，一个人怎能挨到天黑。梧桐叶上细雨淋漓，到黄昏时，那雨声还点点滴滴。此情此景，用一个愁字又怎么能说得够？

李清照不但词写得好，她的文艺理论也别出心裁。在词的发展初期，词曾被普遍认作"艳科""小道""诗余"等。苏轼则提出了"自是一家"的观点，他把词由"艳科""小道"提高到与诗并驾齐驱的正统地位。

到李清照时，她提出了词"别是一家"之说，反对以作诗文之法作词。李清照通过对北宋词坛名家的批评，明确地提出了词应"尚文雅""铺叙""典重""故实"等一系列审美标准，这对传统词风既是一种有力的维护，也是一种可行的指引。

● 词人原来也可以这么幽默

辛弃疾，原字坦夫，后改字幼安，中年后别号稼轩，山东东路济南府历城县（今山东省济南市历城区）人。南宋官员、将领、文学家，豪放派词人，有"词中之龙"的美称。与苏轼合称"苏辛"。

辛弃疾早年与党怀英齐名北方，号称"辛党"。他青年时参与耿京起义，擒杀叛徒张安国，回归南宋，献《美芹十论》《九议》等，提出了战守策略，很可惜，并不被朝廷所采纳。辛弃疾先后在江西、湖南、福建等地为守臣，曾平定荆南茶商赖文政起事，又力排众议，创制飞虎军，以稳定湖湘地区。

辛弃疾与当政的主和派政见不合，因此屡遭劾奏，数次起落，最终退隐山居。这首《西江月·遣兴》作于庆元年间，这段时间，辛弃疾闲居瓢泉。

醉里且贪欢笑，要愁那得工夫。近来始觉古人书。信着全无是处。

昨夜松边醉倒，问松我醉何如。只疑松动要来扶。以手推松曰去。

试译：

我喝醉了酒才能恣意欢笑，哪有闲工夫去发愁呢。最近我才认识到古书上的话，确实没有半点可信的！昨天晚上我醉倒在松边，醉眼迷蒙，就问松树："我醉得怎么样啊？"恍惚中看见松树动了起来，怀疑是要来扶我，于是我用手不耐烦地推开松树说："走开走开！"

这首词将醉态写得非常逼真，可谓惟妙惟肖。但这不拘形迹的醉态，实际上也表现了辛弃疾对当时现实的一种反抗。下片仅二十五字，构成了剧本的片段：有对话，有动作，有神情，又有性格的刻画，内容之丰富乃小令中少见，也恰恰写出了词人的无奈和忧愁。当时，南宋朝廷只图享乐，不思收复失地，现实昏暗，是非颠倒。词人忧心如焚，一肚子不合时宜，又不便明言，于是创作此词以发泄胸中愤懑。现实中忧愁难解，只能通过饮酒短暂忘记，通过醉后的欢笑来排解忧愁。庆元二年（1196）的一天，辛弃疾决心修身养性，于是写了一首《沁园春》，表示要戒掉杯中之物。

杯汝来前，老子今朝，点检形骸。甚长年抱渴，咽如焦釜，于今喜睡，气似奔雷。汝说刘伶，古今达者，醉后何妨死便埋。浑如此，叹汝于知己，真少恩哉。

更凭歌舞为媒。算合作平居鸩毒猜。况怨无大小，生于所爱，物无美恶，过则为灾。与汝成言，勿留亟退，吾力犹能肆汝杯。杯再拜，道麾之即去，招则须来。

试译：

酒杯，你不要到我面前来！老夫我今天要整饬自身、保养身体。为什么我经年累月不喝酒就口渴，喉咙干得像烧焦了的锅一样，好不自在；如今我又这样疏懒嗜睡，睡着了便会鼾声如雷。你却诱导我说："酒徒刘伶是古今最通达的人，他说醉死之后埋了就行。"诚然如此，你对于自己的多年知己，竟然会说出这样的话，真是薄情少恩！

更可气的是，若以歌舞助兴，你就好比鸩毒，害人更甚。况且，怨恨不论大还是小，都产生于人们心中的贪爱；事物无论美好与丑恶，但是喜爱过度就会变成祸害。我郑重地与你约定："请你赶快离开，不要滞留，我的力量仍然可以肆无忌惮地将盛装你的杯子摔坏。"酒杯听到这里，上前拜了他一拜，笑着说道："你挥手我就走，你招手我还会回来。"

辛弃疾这首词通过拟人化的手法，塑造了"杯"这样一个佞臣形象。它善于揣摸主人心理，能应对，知进退。在主人盛怒的的时候，它能通过花言巧语，化紧张为轻松。当它被斥退时，还说"麾之即去，招则须来"。

开禧三年（1207），辛弃疾抱憾病逝，享年六十八岁。宋恭帝时获赠少师，谥号"忠敏"。

🔴 铁血柔情爱国词

陆游，字务观，号放翁。越州山阴（今浙江绍兴）人，南宋著名诗人。

陆游生逢北宋灭亡之际，少年时即深受家庭爱国思想的熏陶。宋高宗时，参加礼部考试，为秦桧所黜。孝宗时赐进士出身。

乾道七年（1171），陆游应四川宣抚使王炎之邀，投身军旅，任职于南郑幕府。次年，幕府解散。

陆游因坚持抗金，屡遭主和派排斥。这首《临安春雨初霁》写于淳熙十三年（1186），此时他已六十二岁，在家乡赋闲了五年。

世味年来薄似纱，谁令骑马客京华？

小楼一夜听春雨，深巷明朝卖杏花。

矮纸斜行闲作草，晴窗细乳戏分茶。

素衣莫起风尘叹，犹及清明可到家。

试译：

这些年来，世间的人情况味，淡薄如纱。是谁令我骑马客居京城，沾染繁华？

住在白墙黛瓦的小楼里，听了一夜的春雨。明天一早，深巷里应该会有人叫卖杏花。

铺开短纸从容地写着几行草书，在小雨初晴的窗边细细地煮水、沏茶、撇沫。

不要感叹那京都的尘土会弄脏洁白的衣衫，清明时节我就可以回到镜湖边的老家。

淳熙十六年（1189），陆游被弹劾罢官后，退隐山阴故居长达十二年。期间，他写下了一系列爱国诗词，这首《诉衷情》便是其中的一篇。

当年万里觅封侯，匹马戍梁州。关河梦断何处？尘暗旧貂裘。

胡未灭，鬓先秋，泪空流。此生谁料，心在天山，身老沧州！

试译：

回想当年，驰骋万里只为封侯，单枪匹马戍守梁州。

如今驻守边疆的军旅生活只能在梦中出现，梦醒时分，身在何处？

沙场上曾穿过的貂裘，已变得又暗又旧。

胡人还未消灭，自己的双鬓却已白如秋霜，只能任眼泪白白地流淌。谁能料我这一生，心始终在前线，人却老死在沧洲！

陆游在这首词中回忆了他少年时的意气风发，以及年轻时的壮怀激烈。随着时光的流逝，他光复中原的壮志最终未酬，所以他对偏安一隅的南宋小朝廷已经不抱希望了。

宋光宗继位后，陆游被提拔为礼部郎中兼实录院检讨官，不久即因"嘲咏风月"被罢官归居故里。

嘉泰二年（1202），宋宁宗诏陆游进京，主持编修孝宗、光宗《两朝实录》和《三朝史》，官至宝章阁待制。书编完后，陆游长期蛰居山阴。《书愤》组诗正是陆游居山阴时所作。其中最有名的一首写道：

早岁那知世事艰，中原北望气如山。

楼船夜雪瓜洲渡，铁马秋风大散关。

塞上长城空自许，镜中衰鬓已先斑。

出师一表真名世，千载谁堪伯仲间。

试译：

年轻的时候不知道世事艰难，北望中原时壮志凌云，气概如山。

曾经在雪夜遥望瓜洲渡口，也曾在秋风中乘着战马，驰骋在大散关。

当初曾自比万里长城，到如今垂垂老矣，鬓发如霜。

诸葛孔明的《出师表》真可谓名不虚传，有谁像他那样鞠躬尽瘁，率三军复汉室北定中原？

陆游此时已年过花甲，当他想到那山河破碎，中原未收而"报国欲死无战场"，感慨世事多艰。所以，这《书愤》也是抒愤，抒发小人误国而"书生无地效孤忠"的愤慨。这不仅是诗人自己的感情写照，也反映出广阔重大的社会生活。

第九章

骈四俪六，锦心绣口

第九章

骈四俪六，锦心绣口

骈俪文，又称骈体文，是脱胎于汉赋的一种文体。它的主要特点是讲究对仗，协调音律，多用典故，注重藻饰。骈俪文为很多诗人、词人所钟爱。南北朝是骈体文发展的全盛时期。骈文是与散文相对而言的。

唐代诗人柳宗元在《乞巧文》中有"骈四俪六，锦心绣口"的句子。这是因为骈文以四字或六字句式为主，对仗工整，因句式两两相对，犹如两马并驾齐驱，故称骈体。

对联，则是骈俪文演化而来的一种对偶文学，讲究对仗工整，平仄协调。

古人将"吟诗作对"并列，是有一定道理的，它们确实是一脉相承的。

🔴 李白飘逸的骈文祝酒词

中国的散文从汉代到六朝，出现了"文""笔"的对立。"文"是指专尚辞藻华丽，受声律和字句约束的骈文。所谓"笔"，即专以达意明快为主，不受声律和字句约束的散文。

文、笔分裂后，骈文开始与散文相对举。骈文盛行于六朝，代表作家有庾信、徐陵。直到中唐古文运动以后，稍告衰落。

唐代骈文较六朝骈文发生了很大变化，比如李白的骈文作品，在吸收和继承六朝骈文的基础上，还对六朝及初唐骈文进行了大力改造，以气驭文，从散体化革新和题材的开拓上对唐代骈文发展做出了重大贡献。李白写的骈文传世并不多，这篇《春夜宴从弟桃花园序》，写得潇洒自然，精彩绝伦，可谓是骈文中的佳作。

夫天地者，万物之逆旅也；光阴者，百代之过客也。而浮生若梦，为欢几何？古人秉烛夜游，良有以也。况阳春召我以烟景，大块假我以文章。会桃花之芳园，序天伦之乐事。群季俊秀，皆为惠连；吾人咏歌，独惭康乐。幽赏未已，高谈转清。开琼筵以坐花，飞羽觞而醉月。不有佳咏，何伸雅怀？如诗不成，罚依金谷酒数。

试译：

天地乃万物的旅舍，时光是古往今来的过客。生与死就好像梦与醒的不同，风云变幻，得到的欢乐能有多少呢？古人喜欢秉烛夜游，实在是有道理啊。况且春天用美景召唤我，天地把美好的形象赐予我。相聚在桃花芬芳的花园中，畅叙兄弟间的快乐之事。弟弟们英俊优秀，都像谢惠连那样有才情；我作诗吟咏，惭愧不如谢灵运。赏玩的兴致正浓，高谈又转向清言。摆开筵席，坐赏名花，传递酒杯，醉倒月下。没有好诗，怎能抒发高雅的情怀？倘若有谁作诗不成，就按照当年石崇在金谷园宴客赋诗的先例，罚酒三杯。

李白性格豪放洒脱，和自家兄弟一起饮酒，这篇骈文相当于向在座的兄弟发表"祝酒词"。清人吴楚材评价道："发端数语，已见潇洒风尘之外。而转落层次，语无泛设；幽怀逸趣，辞短韵长。读之增人许多情思。"

兴盛于明朝的楹联体

有据可考的最早对联，出现在三国时期。据记载，明洪武年间，在江西庐陵出土了一个大铁十字架，上铸有三国时期赤乌年号。在铁十字架上又铸有对联云：

> 四海庆安澜，铁柱宝光留十字；
> 万民怀大泽，金炉香篆蔼千秋。

北宋时期，中国民间过年挂春联、放炮竹之俗逐渐盛行。王安石的《元日》一诗中有"千门万户曈曈日，总把新桃换旧符"的诗句，就从侧面表现出了当时家家户户悬挂桃符的场景。

宋代以后，楹联创作历久不衰，到了明朝，很多人已经改用红纸替换桃木，将字题于其上，初步有了如今对联的形制。

陈云瞻的《簪云楼杂话》中记载，自明太祖朱元璋迁都于南京后，朱元璋下旨命各家各户于除夕节前，须在家宅大门上挂一副春联，并微服出巡坊间，到各家各户门前观赏。正所谓上有所好，下必甚焉。对联这种体裁很快就被传播开来，大家将吟诗作对视为风韵雅事，因此也产生了很多妙对。比如《菜根谭》一书中收录有这样的句子：

宠辱不惊，看庭前花开花落；

去留无意，望天上云卷云舒。

对联与律诗中的对偶句很像，可以说是一种更凝练的诗，特别讲究精练含蓄。对联是在律诗、绝句、联句的基础上发展而来的，虽不是律诗、绝句，但从讲究对仗、骈俪这一点上来讲，它与律诗、绝句是一脉相承的。

🔴 明清以来的俪句言志

俪句（对联）言志这种形式，到明清两代发展到鼎盛，名家辈出，蔚为大观。

这其中最有名的当数明末清初大思想家王夫之。王夫之，字而农，号姜斋，又号夕堂，人称"船山先生"，衡阳县人。

后人将王夫之与顾炎武、黄宗羲并称为"清初三大儒"。王夫之耿介孤高，是知识分子中稀有的人物，其思想则影响了曾国藩、康有为、谭嗣同等人。王夫之曾经写过一副对联：

清风有意难留我；明月无心自照人。

"清"指的就是"清朝"，而"明"指的就是"明朝"。清廷有意重用他，却难以留住他，明朝虽然已经灭亡但仍是他的人生方向。

王夫之青年时期积极参加反清起义，晚年隐居于衡阳石船山，著述终老。

王夫之终生未曾剃发易服，即使是风和日丽的天气，他也脚穿木屐、头顶雨伞，意思是脚不踏清朝的地，头不顶清朝的天。王夫之认为自己是明朝遗臣，多次拒绝出山做官。

因为生活贫困，王夫之的吃穿用度都是靠朋友救济，后来王夫之生病了，很多清朝官员前来看望，但是王夫之决绝不见，更别说他人赠送的礼物了。

王夫之晚年为自己的画像题了一副自挽联：

　　六经责我开生面；
　　七尺从天乞活埋。

此联前一句是说王夫之的使命就是致力于儒家学术的研究工作，他一生对中国传统文化经典进行了详尽的研读、评注和创新。王夫之对于自己建立的理论体系也颇为自负，认为自己对六经的理解开创了一个新天地，别开生面。

王夫之此联后一句的大意是讲，虽说明朝已经亡了，但作为明朝的七尺男儿，岂能屈服？王夫之曾经参加过抗清义军，在失败后四处躲藏，后来伏处深山，自署所居为"活埋庵"。"从天乞活埋"是说已经做了赴死的决心，表现出了凛然的民族气节。

坐落在湖南省衡阳县曲兰乡湘西村菜塘弯的湘西草堂为王夫之故居，始建于清康熙十四年（1675）。王夫之的后半生在此潜修著书十八年，遗著计有八百余万字。

王夫之的气节与学问，赢得了世人的尊重，就连很多清廷要员也曾为其题写对联：

笺疏训诂，六经于易尤专，阐羲文周孔之遗，汉宋诸儒齐退听；

节义词章，终身以道为准，继濂洛关闽而起，元明两代一先生。
——郭嵩焘题湘西草堂

自滇池八百里而下，潇湘泛艇，峋嵝寻碑，名迹仿姜斋，风月湖山千古；

孕衡岳七二峰之灵，挥麈谈兵，植槐卜相，雄才张楚国，文章经济一家。
——张之洞题湘西草堂

🔴 骈俪中的哲学妙义

俪句和楹联，充满了对称之美，蕴含着阴阳哲学，体现了中国人的哲思。

曾国藩，字伯涵，号涤生。进士，曾任内阁学士，道光末年官至侍郎。善于讲说"道德""仁义"，对程朱理学推崇备至。太平军攻打湖南时，被任命为帮办团练大臣，在湖南举办团练。他后来组建了湘军与太平军作战。

曾国藩是王夫之的狂热崇拜者，他曾评价王夫之是"硕德贞隐"。曾国藩还曾将王夫之的遗著整理出版，影响甚大。

曾国藩带兵打仗，反复强调"结硬寨，打笨仗"，也就是下笨功夫。他喜欢像王夫之一样用对联明志，曾作过一副对联：

不怨不尤，但反身争个一壁静；

勿忘勿助，看平地长得万丈高。

上联是说不要怨天尤人，要学会静观世事，反求诸己。下联则告诉自己不要忘本，也不揠苗助长，只要安静等待，持续精进，大树早晚长到万丈高。

在镇压太平天国运动的过程中，湘军一度成为同治年间最强大、最精锐的汉人武装军队。湘军的一些高级将领早就怀有称量天下之意，这个时候更是蠢蠢欲动。胡林翼就曾试探曾国藩："今东南半壁无主，涤丈岂有意乎？"

曾国藩听罢，立刻否决这个建议。

湘军攻下天京后，曾国藩手拥重兵，占据数省，一时间权势赫天。此时，曾国藩的很多部属都盼望他能黄袍加身，自己也好跟着封妻荫子。就连曾国藩老家修补房子的木工师傅都嘀咕："两江总督太细哩，要到南京做皇帝。"

左宗棠、王闿运、彭玉麐人也相继劝进。左宗棠就曾写信给曾国藩："神所凭依，将在德矣。鼎之轻重，似可问焉！"

事情演变到后来，曾国藩的弟弟曾国荃甚至动员湘军高级将领欲效仿赵匡胤陈桥兵变，曾国藩面对这种情况只好避而不见。

苏轼曾写过"坐令空山出锦绣，倚天照海花无数"；王安石曾写过"故人舍我归黄壤，流水高山心自知"。曾国藩就将这两句裁切合成一副对联：

倚天照海花无数；

流水高山心自知。

此联的含义是：倚天观海，浪花如雪，四处飞溅，阳光灿烂，五彩缤纷，把这江山美景映照得如此多娇！但我依然坚持儒家的政治伦理，就像高山岿然厚重，流水循道长流，自有一份发自内心的坚守和追求。

● 不可小觑的骈文传播力度

对联具有格律之美，字数一般较少，易于记诵，故而更容易成为人们的座右铭。所以，对联这种文体，具有强大的传播力与影响力。

有一副劝世对联流传颇广，那就是：

发上等愿，结中等缘，享下等福；

择高处立，就平处坐，向宽处行。

据说，此联作者正是大名鼎鼎的儒将左宗棠。左宗棠，字季高，湖南湘阴人。生性颖悟，少负大志。他二十岁乡试中举，曾作明志联云：

> 身无半文，心忧天下；
>
> 手释万卷，神交古人。

此后，左宗棠在会试中屡试不第，但留意农事，遍读群书，如将《皇朝经世文编》《天下郡国利病书》《读史方舆纪要》及《水道提纲》等书视为至宝，这对他后来带兵打仗、施政理财起了很大的作用。

道光十年（1830），左宗棠父亲去世。左宗棠在长沙丁父忧期间，拜访了著名务实派官员贺长龄，贺长龄"以国士见待"。

此后，左宗棠参与了兴办洋务运动，之后又被调至新疆，收复了乌鲁木齐、伊犁等地，阻遏了俄、英对中国新疆地区的侵略。作为洋务派代表人物之一，左宗棠与李鸿章、曾国藩、张之洞并称"晚清中兴四大名臣"。

一次，左宗棠生病请假，回湘阴老家疗养，曾一度自虑将不久于人世，就在病榻之上，为自己写了一副挽联：

> 慨此日骑鲸西去，七尺躯委残芳草，满腔血洒向空林。问谁来歌蒿歌薤，鼓琵琶冢畔，挂宝剑枝头，凭吊松楸魂魄，愤激千秋。纵教黄土埋予，应呼雄鬼；
>
> 倘他年化鹤东归，一瓣香祝成本性，十分月现出金身。愿从兹为樵为渔，访鹿友山中，订鸥盟水上，消磨锦绣心肠，逍遥半世。惟恐苍天厄我，再作劳人。

上联抒发逝世前的感慨和自我评价，常人多道"驾鹤西游"，但左宗棠偏说"骑鲸西去"，气魄很大，意思是纵然死了也要成为鬼中之杰。下联写自己死了后就可以不再为公务劳顿，如果有来生，只愿做个闲人，图个逍遥快活就满足了。

这种"长对联"已经很难界定它到底是骈俪文还是赋，或者是对联。但不管怎样，它与中国传统诗词一样，达到了"言志"的效果。

第十章

古典诗词的晚近余晖

第十章

古典诗词的晚近余晖

一些晚清、民国时期的文人，旧学功底依然深厚。他们承续先贤，所作的诗词佳作，一点不逊色于前人。以郁达夫为例，其古体诗的风格和技艺，近代以来独步文坛。他周身洋溢着古代倜傥才子的旷世遗风，放荡不羁的性情让人赞叹不已。

🔴 荒芜废园中的怒放花朵

龚自珍，字璱人，号定盦，又号羽琌山民。浙江仁和（今浙江杭州）人。清道光九年（1829）进士。官内阁中书，迁礼部主事。他一生著作等身，诗词作品甚多，其中《鹊踏枝·过人家废园作》是他早期的代表作之一。

漠漠春芜春不住，藤刺牵衣，碍却行人路。偏是无情偏解舞，蒙蒙扑面皆飞絮。

　　绣院深沉谁是主？一朵孤花，墙角明如许！莫怨无人来折取，花开不合阳春暮。

试译：

废园中有绿油油春草一片，却也留不住春光。野藤荆棘容易钩住衣服，妨碍行人走路。不解风情的柳絮在随风起舞，轻轻地拂落在人们的脸上。

这满是花木的院子谁是主人呢？一朵孤单的鲜花正在墙角开放。不要怨无人来采撷，因为你开在春暮，真是不合时宜啊。

龚自珍精史学、佛学，旨在经世致用，与魏源并称"龚魏"，为近代著名启蒙思想家。这首词作于嘉庆二十年（1815），正是龚自珍屡试不中的时候，他空负满腹经纶，不得施展。又眼看社会腐朽黑暗的现实，忧心忡忡，触目皆愁。

"漠漠春芜春不住"是一句"流水落花春去也"式的哀叹。

这座荒芜的废园，虽然碧草茂盛，却意味着春天已将逝去。正如清王朝，虽然还在勉强维持着国家机器的运转，但这个古老的帝国已经积贫积弱，江河日下。

一切景语皆情语。怀着这份忧虑，作者步入废园时，他所留意的自然是触动他心境的景物。"藤刺牵衣，碍却行人路"，正如朝廷中的那些宵小之徒，处处掣肘，将他抑于下僚。

"偏是无情偏解舞，蒙蒙扑面皆飞絮"，那些可厌的飞絮，它们本是"无情"之物，毫无灵性。如同官僚机器上庸庸碌碌的颟顸之辈。这种"飞絮"数不胜数，"蒙蒙"一片，"扑面"可遇。

"绣院深沉谁是主"，点破题中"废园"二字，也回应了开头的春芜、藤刺、飞絮产生之故，正是因为这锦绣院落无人打理。一声"谁是主"的沉重疑问，也是对大清帝国暮气沉沉，无人出来振兴的慨叹。

"一朵孤花，墙角明如许"，是在一派衰败之中，看到了一朵仍在明艳怒放的鲜花，它在漠漠春芜、蒙蒙飞絮中，显得是如此具有生机，令人振奋！

可惜的是，这只是一朵"孤花"，只能于"墙角"怒放，作为衰世的独醒者。龚自珍以孤花自喻，抒发了一种怀才不遇、生不逢时的感叹。

🔴 工作中的委屈如何表达

林则徐，字元抚，又字少穆、石麟，晚号俟村老人、俟村退叟、七十二峰退叟等，福建侯官县人。

林则徐出生时，林家已是家道中落，欠了很多外债。林则徐天资聪颖，在他八九岁时，就在学堂上写出了"海到无边天作岸，山登绝顶我为峰"的诗句，可谓语惊四座。

嘉庆十六年（1811），林则徐考上进士，历任翰林编修、江苏按察使、东河总督、江苏巡抚、湖广总督等职。

道光十八年（1838），道光皇帝授林则徐任两广钦差大臣，赴广东查办鸦片。第二年，林则徐来到广东禁烟时，派人明察暗访，迫使外国鸦片商人交出鸦片，并将没收的鸦片于虎门销毁。该事件被认为是第一次鸦片战争的导火线。

鸦片战争爆发后不久，琦善声称英国所不满的只是林则徐一人，只要清廷拿林则徐当替罪羊做出惩戒，就能让英国人满意，所有问题都可解决。其间，林则徐两次上奏，据理力争禁烟抗英的合理性和正义性，道光皇帝却指责林则徐所言是一派胡言。

后来，林则徐被构陷革职，发配新疆伊犁。这件事引起了全国士子的极大悲慨。

林则徐只得忍辱负重，踏上戍途。这首《赴戍登程口占示家人二首·其二》，是他被迫在西安与家人分别时，为抒发自己的爱国情感和表明自己的人格而作。

力微任重久神疲，再竭衰庸定不支。

苟利国家生死以，岂因祸福避趋之。

谪居正是君恩厚，养拙刚于戍卒宜。

戏与山妻谈故事，试吟断送老头皮。

试译：

我能力微小而肩负重任，早已感到精疲力竭。一再担当重任，以我衰老的躯体，平庸的才干，定然支撑不住。

如果对国家有利，我将不顾生死。难道能因为有祸就退避、有福就迎受吗？

我被流放伊犁，正是君恩高厚。我还是退隐不仕，当一名戍卒比较合适。

我开着玩笑，同妻子谈起宋真宗召对隐者杨朴和苏东坡赴诏狱的故事，说你不妨吟诵一下"这回断送老头皮"那首诗来为我送行。

这首诗表达了林则徐愿为国家献身，不计个人得失的崇高品格。此诗的语言风格淳厚、平和大度，颇合林则徐的大臣身份。

林则徐到达新疆之后，不顾年事已高，"西域遍行三万里"，实地勘察，提出了不少切实可行的国防见解。或许正是这种心态和表现，林则徐重新获得了朝廷的信任。

道光二十五年（1845），林则徐被重新起用，先后任陕甘总督、陕西巡抚、云贵总督等职，加太子太保。

道光三十年（1850），林则徐因病逝世，获赠太子太傅，谥号"文忠"。

一万年来谁著史

道光二十年（1840），李鸿章中秀才。道光二十三年（1843），李鸿章在庐州府学被选为优贡。其时任京官的父亲李文安望子成龙，函催鸿章入北京，让他准备来年顺天府的乡试。李鸿章遵父命北上，并作《入都》诗十首，以抒发胸怀，其中《赴试途中有感》一诗最为出名。

丈夫只手把吴钩，意气高于百尺楼。

一万年来谁著史？三千里外欲封侯。

定须捷足随途骥，那有闲情逐野鸥。

笑指芦沟桥畔路，有人从此到瀛洲。

这是李鸿章奉父命入京应试时所作的借以立志抒怀的作品，气度不凡，充分显示了作者的胸魄气略。

入京之后，李鸿章在时任刑部郎中的父亲李文安的引荐下，拜访了吕贤基、王茂荫等徽籍京官，并得到了他们的器重和赏识。

由于科场顺利，李鸿章得以有广泛的交游，当时与他同榜的甲辰（举人）、丁未（进士）两科中，不少人日后都身居要职。李鸿章与这些同侪士子一直保持着密切而特殊的关系。

道光二十四年（1844），李鸿章应顺天府乡试，中了举人。道光二十五年（1845），李鸿章入京会试，却名落孙山。在初次会试落榜后，李鸿章以"年家子"身份投帖拜曾国藩门下。道光二十七年（1847），李鸿章中进士，朝考后改翰林院庶吉士。

道光三十年（1850）四月，朝廷"引见丁未科散馆人员"，李鸿章被改授为翰林院编修，充武英殿编修。从此，他的政治生涯才算全面打开。

生怕情多累美人

郁达夫，原名郁文，字达夫，幼名阿凤，浙江富阳（今浙江省杭州市富阳区）人。郁达夫早年曾留学日本，毕业于名古屋第八高等学校（现名古屋大学）和东京帝国大学（现东京大学）。他在日本期间，学习了德语、日语，广泛阅读了文学、政治、哲学、经济等方面书籍。

郁达夫的第一任妻子是由父母包办的大户千金孙荃。1917 年，当郁达夫从日本回国省亲时，奉母命与孙荃订婚。

1921 年，郁达夫与同为留日学生的郭沫若、成仿吾、张资平、郑伯奇组创文学团体"创造社"。郁达夫回国后参加编辑《创造》季刊、《创造周报》等刊物。

1923 年起，郁达夫在北京大学、武昌师范大学等校任教。在这段时间里，他结识了慕名已久的鲁迅。

1927 年，郁达夫穿着妻子孙荃从北京寄来的新皮袍登门拜访好友孙百，偶然结识了江南名媛王映霞。郁达夫对其展开了追求，写道：

朝来风色暗高楼，偕隐名山誓白头。

好事只愁天妒我，为君先买五湖舟。

在 1928 年，郁达夫与王映霞缔结了婚约，轰动了整个杭州城，被称为"富春江上神仙侣"。当郁达夫与王映霞准备订婚仪式时，孙荃正在北平生产她与郁达夫的孩子。

郁达夫未经王映霞同意，将二人亲密的细节写入文章发表，二人发生争吵，不久又恢复了恩爱。

1930年，中国左翼作家联盟在上海成立，郁达夫为发起人之一，但不久即退出。

1931年郁达夫在上海写下了那首脍炙人口的诗作——《钓台题壁》。原题为《旧友二三，相逢海上，席间偶谈时事，嗒然若失，为之衔杯不饮者久之，或问昔年走马章台，痛饮狂歌意气今安在耶，因而有作》。

郁达夫本人对这首《钓台题壁》也很喜欢，后来把这首诗写入了他的散文名篇《钓台的春昼》。

> 不是樽前爱惜身，佯狂难免假成真。
>
> 曾因酒醉鞭名马，生怕情多累美人。
>
> 劫数东南天作孽，鸡鸣风雨海扬尘。
>
> 悲歌痛哭终何补，义士纷纷说帝秦。

试译：

并非为了爱惜身体不愿饮酒，而是害怕佯狂之态弄假成真。

曾因喝醉酒去驱赶千里马，担心自己多情而拖累美人。

东南一带遭遇厄运，时局动荡变化无常。

悲歌痛哭又有什么用呢？正义之士应该像鲁仲连那样报效国家。

意思是诗人对过往诗酒风流的生活深表自责，认为现在应以国家兴亡为己任。

此诗颔联"曾因酒醉鞭名马，生怕情多累美人"一句，极尽狂狷之态，难掩哀婉之情，最能表现郁达夫诗歌忧伤愤世的特点。

1936年，郁达夫心生嫌隙地离开了王映霞，接受了陈仪之邀到福州政府任职，从此二人开始分居。

1938年，郁达夫应新加坡《星洲日报》邀请，前往新加坡参加抗日宣传工作，在去新加坡的船上，他写下了《岁朝新语》一文，坚信"中国决不会亡，抗战到底，一定胜利"。到达第二天，郁达夫连生活都没安排好就写下了《估敌》一文，又说"最后胜利，当然是我们的，必成必胜的信念，我们决不会动摇"。文章在当时引发了强烈反响。

在担任《星洲日报》主笔期间，郁达夫还同时编四五种刊物，发表了四百多篇时评，宣传抗日，号召海外华侨捐款捐物支持抗战，感召了许多华侨回国参加抗战。

1940年3月，王映霞与郁达夫在新加坡协议离婚。王映霞和郁达夫离婚后，将名媛孙多慈介绍给了许绍棣，而她自己则改嫁给了钟贤道。王映霞与钟贤道两人的婚礼规格很高，当时冠盖云集，震动山城。施蛰存还专门为王映霞赋诗一首：

朱唇憔悴玉容曜，说道平生泪迹濡。
早岁延明真快婿，于今方朔是狂夫。
谤书欲玷荆和璧，归妹难为和浦珠。
踥踥御沟歌决绝，山中无意采蘼芜。

1945年，日军准备对南下的文化界名士实施大屠杀。由于遭到汉奸的举报，郁达夫受到了日本宪兵的全面调查。因此，郁达夫先是安排胡愈之等人离开印尼，自己则于这一年6月，流亡至苏门答腊西部，化名赵廉，并在当地华人的协助下开设酒厂。三个月后，郁达夫被当地日军逮捕，并被杀害。

孙荃为了顾全郁达夫的名声，默认了他和王映霞的婚姻事实，自此，吃斋念佛，含辛茹苦地抚育三个孩子。

郁达夫和王映霞二人育有一子，名叫郁飞。郁飞在六十四岁接受采访时表示："我的父亲是一位拥有明显优点，也有明显缺点的人。他很爱国家，对朋友也很热心，但做人处世过于冲动，以至家庭与生活都搞得很不愉快。他不是什么圣人，只是一名文人，不要美化他，也不要把他丑化。"